JN123948

非接触ビジネス推進と事業再構築

Contactless business promotion and Business restructuring

事業モデル化と事業再構築補助金の研究

西河豊
YUTAKA NISHIKAWA
秦博雅
HIROMASA HATA

三恵社

はじめに

本書の発刊に至るまでの経緯を説明します。

２０２０年初に早くも世の中に異変の起こることを直感して、自分でできることをすべてしておこうと、自ら経営力向上計画および、経営力継続強化計画を作成して認定されました。また、助成金情報サブスクリプションサービスの推進・広報というプランを掲げて経営革新法と持続化補助金を申請し、両方採択を受けました。

しかし、２０２０年４月以降、自分自身がコロナ禍による経済低迷の影響を受けて売上の逆流を浴びそうになり、日本政策金融公庫融資と保証協会制度を活用して借入れしました。

そこで、資金を安定させてからこの時勢の中で中小企業がいかに行動すべきかを考え続けて、コラムやメルマガで発信を続けました。

具体的には非接触が勧められる中でいかに売上を上げていくのかです。

しかし、その時点でこれはという決定打は生まれませんでした。

その後も考え続けた挙げ句、１０月下旬には心労が重なり心筋梗塞で倒れて救急車で運ばれ、そのまま手術、緊急入院・・・。

そこで、ベッドの上で真っ白な頭で考えました。

しかし、この時点で、こうすればよいと言えるのは神様だけでした。

その後も、悪戦苦闘する中小企業を取材することだけは、続けました。

しかし、やはり、決定打はありませんでした。

考えたことの原稿化も続けていました。出版物としては日の目を見ないだろうなと思いながら・・・。

ここで、ひとつ感じたことはちまたでうまくいっている事業所も実際はコロナ禍で売上がしわ寄せしているだけのことではないのか？
そんなことを考えていた１２月にひとつニュースが入ってきました。
政府が苦しんでいる中小企業向けに新たな大型補助金を整備するというのです。

それが事業再構築補助金です。

そこで、私は２つひらめきました。
一つは、ものづくり補助金申請マニュアルの販売でヒット作を出したわが事務所のキャリアが生かせる！
そしてもう一つは、今まで考え続けた非接触ビジネスの推進の手法や中小企業の展開事例を勉強用に提供したらお客さんにとって有効なのでは、ということで急遽出版を目指す運びとなりました。
ここで、第１部、第２部で説明する非接触ビジネスの考え方、事例は公式でも正解でもありません。
よく考えれば、戦略に１００％正解などないのです。
あるといった時点でそれは、合成の誤謬より嘘です。

でも、１００％正解があるようなコンサルタントの謳い文句が溢れていますよね！

すぐに、中小企業でも補助金の最大値、６，０００万円がもらえるかのように言う人たちをどうこう言うものではありません。
私の呼びかけるのは中小企業事業主です。

では、ここで、冷静に考えてみてください。

今貴方の頭の中にあるプランで経済産業省が「はい、６，０００万円」

と札束をくれるものでしょうか？

やはり、ブラッシュアップが必要と思われませんか？

この世の中、勉強とそれに基づく実践を繰り返した者がいずれ勝ちます。

本書はそのための勉強の書籍です。

構成として

第１部　非接触ビジネスを進める経営戦略では、非接触というコンセプトをいかに経営に組み込んでいくかの理論を解説しています。

第２部　非接触ビジネス推進マニュアル【業種別編】では、１０の事業に分けて、取材し先進的に取り組んでいる事業所の事例を解説しています。

第３部　事業再構築補助金の研究では、その概要・指針の解読から、いかに申請書（事業計画書）を作るかを解説しています。

なお、本書は、読者ターゲットを中小企業においているために戦略イメージのわき難いＤＸと言う言葉を使わずに非接触という用語で統一しています。９７ページの図を見てください。今回の事業再構築補助金の採択のゾーンを２軸で表したものです。本書は何回も繰り返し読むことでこの２軸を深く理解することができる構成になっています。

では、御社の事業再構築を祈願して・・・。

今回は事業の同志として、中小企業診断士の泰博雅先生の力をお借りしました。

経営革新支援認定機関

ものづくり補助金情報中心　代表　西河　豊

非接触ビジネス推進と事業再構築
～事業モデル化と事業再構築補助金の研究～

目　次

第２部　非接触ビジネス推進マニュアル【業種別編】

第３部　事業再構築補助金の研究

経済産業省・中小企業庁のサイトを参考にいたしました。

第１部
非接触ビジネスを進める経営戦略

第１部の読み方

アフターコロナの戦略の中で最も重要性なのが、非接触でいかにして、営業から始めて、業務を遂行して代金を回収するかです。

これを考える時、多くの企業が間違いを犯しています。訪問・集客型から非接触型へのシフトと考えてしまうのです。それは、間違いです。形だけの単純なシフトではだめなのです。全く違うスキームと考えないと効果を生まないことになります。

なぜだめなのか、なぜ効果を生まないのかは本論の方に譲ります。非接触ビジネスは、まだまだ、未開の分野です。あなたがこれから最先端事例を作ると思ってください。

本書ではコンサルティングを事例に取りますが、他業種の方にも参考になると思います。

それはサービス経済化という言葉があるように、全ての業種において、コンサルティング要素は欠かせなくなっているからです。

ここで、勘違いしやすい点を説明しておきます。

顧客は非接触の技術を見に来るわけではない、商品・サービスを見に来るということです。

同時に商品力・サービス力の強化も必要になります。両軸をしっかりさせるということを努力しないと集客は成り立ちません。

一見先行しているように見える業種でも、非接触に気をとられ、商品力の強化という点を忘れているケースが多く見られます。

これは本書の本論でじっくりと述べますが、訪問型・集客型から非接触スタイルへのシフトというのはその実現性・集客効果を考えると一朝一夕に出来るものではありません。

そこで、移行するという考え方ではなくて、新たなマーケティングスタイルをゼロから作り上げると考えてください。

これが腑に落ちない場合は、事業者としてではなくて、消費者、あるいは、１ユーザーの立場で考えてみてください。

今まで、集客型だったセミナー主催者から今続々と、オンライン形式でのセミナーへの変更通知が来ていると思いますが、どれほど参加されましたでしょうか？内容を見て厳選されているのではないでしょうか？

これが今起こっている世の中全体の現象です。皆、その価値を再検証しているのです。有料のサービスは特にそうです。

ここで、非接触のビジネススタイルをゼロから作り上げねばならないとすると、どれほど時間を我慢できるかなど、忍耐とこれにかける熱意が必要になります。

その意味では今回コロナ禍で、痛い目にあったというのが大きな動機になりえます。

また、世の中が元に戻るのか戻らないのかという議論がありますが、戻らないという仮説で進んだ方がこの新たな事業再構築は進めやすいと言えるでしょう！

非接触ビジネスにおいては、推進と同時に、リスク管理の面にも注意して下さい。

ネットというツールを使うことにより、訪問型・接触型より非接触ビジネスにうまくシフトすれば、その効果は爆発的なものになります。リモートによって同時並行で進められるからです。

しかし、その分、スキームを作る時に瑕疵があれば、被害は甚大なものになります。

また、地理的に離れた場所で、同時に作業する形態故に、災害被害にも要注意です。これについては事業継続力強化計画（ＢＣＰ）の考えより説明します。

（ＢＣＰ＝Ｂｕｓｉｎｅｓｓ　Ｃｏｎｔｉｎｕｅｔｉｙ　Ｐｌａｎ）

序　非接触ビジネスとは

コロナ禍がこの大きな要因であることは改めて説明しません。
今、人は現地まで行く、対面でのサービスを受けるということに意義があるかということについて改めて考え直しています。
例をセミナーへの出席で考えてみましょう。
自分の常駐地からセミナー会場まで一定の距離があることが前提になります。
列車の時間を確かめて遅れないようにするコストと、集合式でセミナーを受けるメリットを秤にかけてみて出向く意味合いがあるでしょうか？
当然、ワークショップ形式のようにそこで、討論して進めていく方式は別価値があります。
この事例に対して、外に出て、飲食店で飲食サービスを受けるというのは、明らかに別の価値があります。
店員によるサービスや店舗の雰囲気を味わえるからです。
このように考えると、コロナ禍が収束したら人の行動が元に戻る分とそうでない部分の区分けは分かりやすいでしょう。
ＤＸという言葉があります。本書で規定している非接触ビジネスと結果的には同義語です。
同じことをＤＸはデジタル化という方法から取り、非接触はその効果から取っています。
ＤＸはデジタルトランスフオーメーションの略語です。
ここで、なぜ、トランスフオーメーションをＸと呼ぶのでしょうか？それはトランスに超えるという意味がありそれをＸと表現する習慣があるのです。(デジタルクロスフオーメーションという場合もあります)

これは、対顧客、対消費者に販売を完結するところまでをフォローしたシステムの改編であり、企業内部の合理化に関する部分は欧米ではＤＸとは言いません。

そして、ニュアンスとして、「遅れているデジタル化」を取り戻すという意味合いがあります。

コロナ禍の収束とも関係しますが、この非接触の必要性が一過性のもので、一時的にやり方のシフトとして考える方法は決して効果を生まないでしょう。

何が言いたいのかというと、対面型・集合型のやり方とは全く違うものと捉え、ゼロからビジネスのスキームを組み立てる必要があります。

顧客創造も同じくゼロから育てる決意が必要になります。

１．非接触ビジネスは成約スピードに反する！

では、非接触ビジネスのメリットとデメリットはなんでしょうか？

非接触で通信を行うと基本的にデジタルになりますのでその速度は速くなりますが、ビジネス全体の完結までの速度は遅くなるということです。

まず、肝に銘じて欲しいことは、非接触ビジネスについては、スピードの面で落ちるということを理解してください。

成約の速度は落ちるのです。

営業手段として最も効果的なのはやはり訪問営業なのです。面前での説明により人の迷いに対して肩を押すという効果があるからです。これは、古典的なマーケティングの本にしっかり書いてあります。

こういう事例を考えてみてください。

多くの企業が、今、リモートワーク体制に入っています。そこで、会社の営業マンに電話をかけてみたところ

「今日は、リモートワークです。次に出てくるのは明後日です」とそれだけの返答・・・。

これでは、営業の成約から、実際の仕事をして、資金の回収までの速度は落ちるのではないでしょうか？このように速度が落ちることに対して、いかなる要素でカバーしていったらいいのでしょうか？

非接触ビジネスのポイントを書きます。

なんだと思うでしょうか？ＩＴツールの活用？スピード？

違います。

ＩＴツール活用のことでもない。Ｚｏｏｍにしてもやっていること自体

は双方向通信というだけで大した仕組みではないとなると何でしょうか？

それは、１対多の通信でありながら、１対１の通信と幻想させる力です。
ここを理解出来ないとだめです。
非接触でスピードが落ちる分を、１対多のレバレッジで超えられるか？発想を変えられるか？その成果が同時進行的に起こるまで我慢できるか？です。

いろんな業界で、これを考え始めており、この対面とリモートの同時進行の発想の段階まではいきます。
例えば、エンタメ業界では、リモートに切り替えることにより、チケット売上は無限大となることに気が付きました。
しかし、ここからが大変です。
現実的に集客できるかということになるのですが、サザンオールスターズや嵐のようにもとからブランドが高ければいいでしょう
ここで、従来の悩みである人口減でマーケットが減っていくということが引っ掛かってきます。個人で始める固定費の小さい人はニッチマーケットに行けばいいでしょう。

そうでなければ？蘇るのが海外マーケット戦略です。人口の増えるところに販売に行くのです。
ここで、海外に渡るのにも大変じゃない？と思われる方は、まだ、頭が切り替わっていません。
非接触ビジネスでは動く必要はないのです。
(本書では海外ビジネスの部分までは触れません)

（1）非接触ビジネスモデル転換のメリット

①移動の必要が無くなる

顧客は、店舗に赴く必要がなくなり、営業も顧客のもとに訪問する必要がなくなります。同時に移動に伴う時間と交通費が必要となくなります。

オンラインでのサービス提供により従業員、顧客の移動可能範囲というものを考えなくてよくなりますので、サービス業の場合には、商圏は日本全国、世界中に広げることができます。但し、飲食業のように飲食物等のモノを届ける必要がある場合には、一定の制約が発生します。

②広さ、立地という制約が無くなる

店舗、事務所等での接客スペースが必要では無くなります。店舗のスペース、座席数という制約がなくなります。同時に好立地であることの必要性も薄れます。結果として、固定費の削減につなげることができます。

③システム導入による部署連携によるスムーズな顧客対応や情報共有

非接触ビジネスの展開には、システム導入が必要となるケースが多いです。従来は、社内、店内で従業員同士の直接的なやり取りで完結していた情報をシステムで共有する必要が発生するからです。システム導入をすることにより、従来よりもスムーズな顧客対応や情報共有を進めることができるようになります。

（2）非接触ビジネスのデメリット・限界

①コミュニケーションロスが発生する

オンラインは、人間の５感のうち、おもに視覚と聴覚しか活用できません。触覚、味覚、嗅覚は伝わりませんので、おのずと限界が発生します。

また、社内におけるインフォーマルな組織（非公式な組織）での情報共有などもなくなります。その結果、従業員間や従業員と顧客間において、コミュニケーションロスが発生しやすくなります。

②商圏が広がる分、差別化の要素が必要

商圏が広がるということは、同時に競合となる会社、店舗も広がるということになります。これまでは地域内の差別化でよかったものが、日本全国での差別化を強く意識しないといけなくなります。

③誰もがシステムを使いこなせるわけではない

従業員に対してはシステム活用の教育ができるが、顧客に対しては教育ができません。当然のことながら誰もがシステムを使いこなせるわけではありません。システムを使いこなせない顧客を今後のビジネスターゲットとするのか判断が必要となります。

２．非接触ならではの＋αを加えよ！

（1）分かりやすいプレリリース

これも、セミナーで例にしましょう。

今までは、集客型で、受講者はその開催場所に行くという形での惰性ができていました。

そこで、今回、やり方が変わり上ってもらうのが別の階段になりました。別の階段になるということは、心理的にハードルが上がるということです。

しかし、主宰する相談機関側はそれが分かっていません。そのため、ＺｏｏｍセミナーでやるのでこのＵＬＲで予約してくださいと変更案内だけになります。

ユーザー側から見るとその階段が高いのです。そこで、階段を上りやすくすべきです。（階段システムについては別に説明します）

例えば、その先生のそのセミナーの要約動画を撮り、無料プレリリース配信すれば、興味を持った人を次の段階（本番受講）に誘導することができます。

こういうことは、考えれば出てくる通常の営業努力です。

それが、単純なシステム変更と考えるので出てこないのです。

（2）お土産をつけよ

次のアドバイスは「お土産をつけよ」です。

これも一応、セミナーを例にとります。

集客型でも言えることですが、講師によっては、当日の資料がほとんどない場合があります。

私ならば、後でも復習したいのでノートを取りますが、資料も欲しいところです。

これが、リモートならば、なおさら、実感面で物足りないものになります。ベースの資料が欲しいところです。

多くの主催者は、｢資料を配布している｣というかもしれません。しかし、ＵＲＬで、これをプリントしてくださいというものです。

中には、どんどんスライドは出るのに、その資料アウトプットの配慮が抜けているケースもあります。

アドバイスとしては、事前に出席予定者に資料を送るべきです。

そんなことをしたらコスト面では？というようなことを言っている場合ではありません。

今後、リモートでのセミナーの集客競争が起こるので、まずは、ファンを掴むべきです。

（３）小パック化

掲載された動画などを見ていると長すぎるものが多くあります。それが、無料閲覧であっても多くの人は出だししか見ません。

スタディサプリというものをご存じでしょうか？これが、受験生に受けているのですが、そのポイントがキャッチで書いた小口化です。まさに、飲食サービスの小パックと同じ発想です。

動画１本が５分と短いのです。学生は空いた時間や通学時間に見ることができるので、好評なのです。これは、食品で小パックが消費者に受けているのに似ているかもしれません。

長い動画は、集中力が持ちません。ただこの小パック販売も、高いブランドがないといけません。

３．非接触ビジネスのイメージ

訪問、あるいは、集客からリモート（非接触）へのシフトはそう簡単なものではありません。

自分自身に振り返ってみて、従来の行動からいかに新たなサービスにシフトしたかを思い出してもらうと分かるでしょう。

そこで、最終的に成約するまでのアプローチのイメージを申し上げますとクライアントに階段を上ってもらうという考え方がいいでしょう。これは、従来のネットマーケティングでは漏斗のイメージで言われてきました。

しかし、私は階段を上ってもらうというイメージの方が良いのではないかと思っています。

階段システムというのは私が３年前の「集客の新理論」という著書で初めて示した考えです。

今回は、競争環境が厳しいので、それぞれの階段に雪の山というクライアント側からみると高いハードルがあると感じてください。

上がってもらうには、その雪を溶かすくらいの熱意と投資が必要です。
それほどの熱意を継続的に持てるでしょうか？
苦難があるからこそ、ライバルはどんどん挫折して減っていくでしょう。
そこを我慢できたところだけがこれを成し遂げられます。

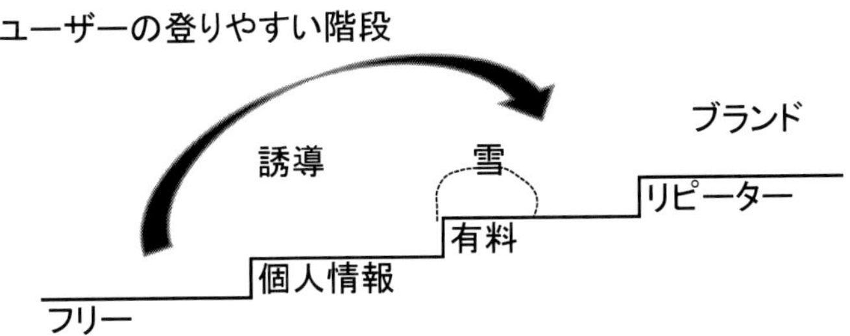

その階段のゴールにあるのは何でしょうか？
それは、発信者側のブランドです。
それがないとお客さんは階段を上ってきません。
効果を出すためには時間が必要となります。
ＦａｃｅｂｏｏｋやＴｗｉｔｔｅｒはその上って来るお客さんの背中を押す風の程度のもので、それが、決め手とはなりません。
このスキームをしっかり理解したら、階段の途中でパッケージもの（例えば有料資料など）で収益を得る方法もあります。
そのためには投資も必要となります。ソフトや広報の経費です。

どんどん階段を上ってもらうにはどうしたらいいでしょうか？
複数の人の肩を同時に押すのです。
そのためのツールも多くあります。

「３３の法則」というのがアメリカのネットマーケティングの法則にあります。
これはまず、毎日、３人にＳＮＳで私との会話に応じてくれませんか？

とオファーを出します。そして、会話の予約を取った３人に自社の商品・サービスを説明するというものです。

実際、私もこれに近いことをやっていますが効果は絶大です。

３人同時に進行しても､内容はほぼ同じなので並行展開できるからです。（相手の名前を間違えないなどの注意は当然必要ですが）

この法則を使うのにベストマッチなのがＣｈａｔｗｏｒｋです。

Ｃｈａｔｗｏｒｋの最大のメリットはメーラーと違いクライアントごとに整理できるということです。

図にすると下のようになります。会話中にデータを添付することもできます。

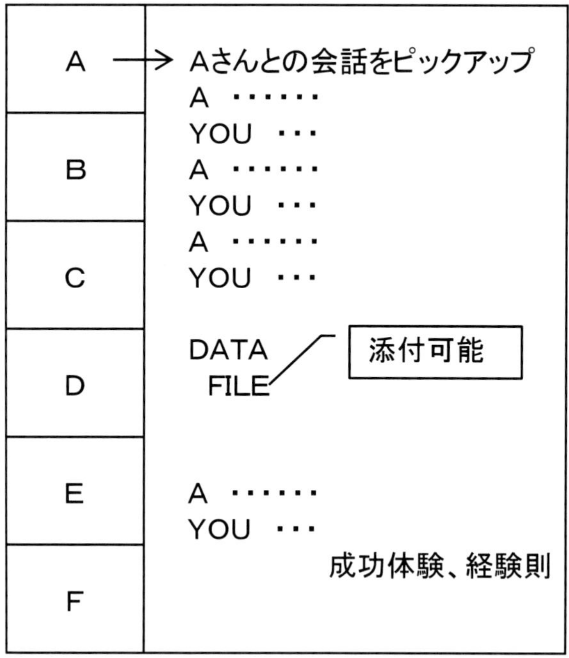

メールソフトと似たもののように感じられるかもしれませんが、使ってみると全く違う便利さを感じられると思います。

例えば、そのお客さんとの過去の経緯が一目瞭然になりますし、以下の図のように、情報交換する過程で得た知識を応用展開することができます。

これは、経験則を類型化する方法として活用するということで、他社の顧客情報部分をそのまま他のお客さんにアップしてはいけないのは当然の注意義務です。

また、書き込む内容に宛先違いが発生すると大きなトラブルにつながる危険性があることも理解できるでしょう。

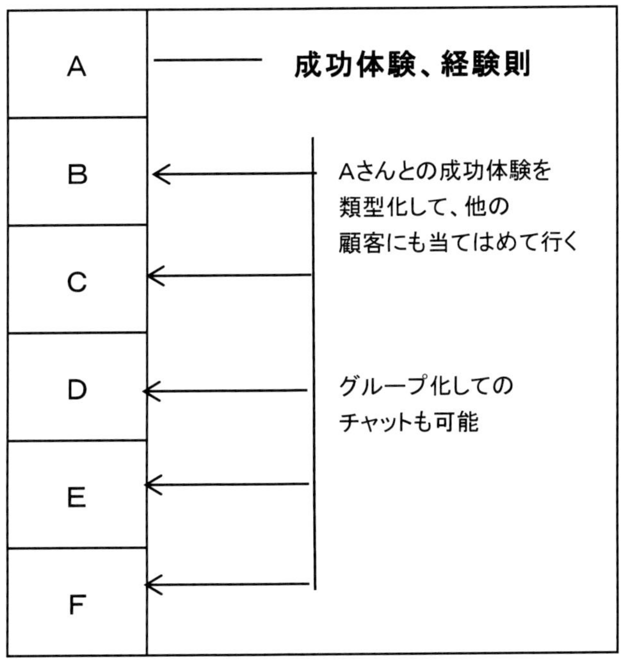

まとめますと、

・まず、しっかりと業務ルーティンを定義して業務量の最大値を想定し、対応できるように組みます。

いかにしたら

・処理のスピードアップ、レベルアップができるか？

・処理後のデータベース化につながるか？
・経験則を類型化して営業推進の工程をレベルアップできるか？
を考え続け改善することです。

同時並行で進めて行って、成約率を上げる、生産性を上げるというイメージが掴めましたでしょうか？

ここまでを総括しておきます。
このような、手法で進むのは、１件ごとの成約スピードが落ちるので同時並行のレバレッジ（梃子）を効かそうというものです。

時代が成熟するにつれて、経済（ここでは商品・サービス）の隙間は狭まり、新たなアイデア・商品コンセプトというのはそう出るものではありません。
しかし、有利な側面として、事業者は、ネットを通じて、消費者すべてとつながっている状態にあります。
このつながりを常に意識して、反応率を上げることが可能なので、このレバレッジが成り立つのです。
そのステップは自社の商品の定義を決めて、その中の何かに特化して業界規制の逆を行くなど特徴を出して訴求すべきであり、それがすなわち強みとなります。
では、逆戻りして、基本的なネットツールの使い方を、見ていきましょう。
通常は、ＰＵＬＬという引く戦略で興味を持ってもらい、ＰＵＳＨという押す戦略でセールスしていきます。

４．非接触ビジネスの基本ツール

では、復習も兼ねてＩＴツールの基本に戻りましょう。

（1）ＰＵＬＬ型ツールとは？

従来は、人が営業をかけてするセールスが全てでした。

まず、それを打ち破ったのがセルフ方式のスーパーマーケットであり、銀行のＡＴＭであったのです。

PULL型レバレッジ

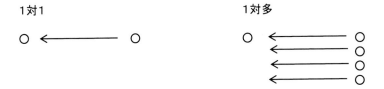

お客さん自らに動いてもらうという考え方です。

インターネットの時代に入ってからは、ＥＣサイトで販売するということが普通のことになりました。ＰＵＬＬは引くという意味で、ＰＵＬＬタイプのレバレッジとは複数の人に同時に見てもらうということです。

サイト（ブログ）・Ｉｎｓｔａｇｒａｍ・Ｔｗｉｔｔｅｒ・ＹｏｕＴｕｂｅ（動画）などがあります。

このＰＵＬＬタイプだけの注意点ではありませんが、商品購入後に使用法などにおいて齟齬のないように、事前の広報、消費者教育が重要となります。

（2）ＰＵＳＨ型ツールとは？

ＰＵＳＨとは押すという意味です。ＰＵＳＨ型のツールとしては、メールDM、ＦＡＸDM、DMチラシ、メルマガなどがあります。メリットとして、１対多の通信になるということはＰＵＬＬ型と同じです。

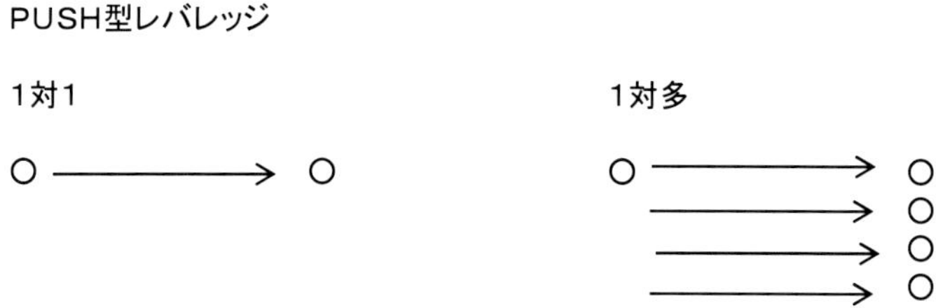

①メールDM

メールDMについては、ＳＴＥＰメールという複数回に分けてアプローチしていく手法があります。

このレバレッジタイプの最大の効果は１対多で語りかけているのに、メッセージを受けている方は１対１で語りかけられているように感じることです。

親密な感じを持ってもらうために文中で「＊＊＊様」とリストからとってきた相手の個人情報を自動的に入れるように工夫する仕組みも多くあります。

このタイプの注意点は以下のようなものが挙げられます。取引のない相手先に営業のメッセージを送る場合は

・＊非承諾公告＊とクレジットを入れる
・発信元の明示
・メール配信解除の方法の明示

をしなくてはなりません。

取引のないリストにＰＵＳＨメールを送ることをネガティブオプションと言います。近年、取引のないところから営業されるのが嫌いな人も多くなっていることを念頭においておくべきです。

しかし、このようなメール配信について、受信した都度、クレームをつけることまではしないということがこの手法を流行らせている背景です。

②ＦＡＸＤＭ

ＦＡＸＤＭの場合、紙の媒体ですので、見てもらえる可能性は高まりますが、前述のネガティブオプションに対する拒否感は紙を使う分、高まります。

そのため発信した直後には、クレーム対応者が待機しておかねばならないということになります。

なお、通信料が発生するため、コスト的にもメールＤＭより、高くなります。

③ＤＭチラシ

郵送コストがかかりますので効果性（コストパフォーマンス）の検証が必要です。

上記述べた中で最近、活用が多いのは断然メールＤＭになります。

そこをどう考えるかです。

多少、コストを払っても競争率の低い方（ＦＡＸＤＭ）を利用するという考えもあります。

いずれの方法も望んでいないお客さんに対しては、良いイメージではありませんので意識しておきましょう。

（3）ツールの総合解説

ここで、広く普及しているツールとこのＰＵＬＬ・ＰＵＳＨの２つのタイプを総合的に考えてみましょう。

サイト（ブログ）　ＰＵＬＬ
Ｔｗｉｔｔｅｒ　ＰＵＬＬ
Ｉｎｓｔａｇｒａｍ　ＰＵＬＬ
Ｆａｃｅｂｏｏｋ　ＰＵＬＬ（メッセンジャーでは双方向通信も可能）
ＹｏｕＴｕｂｅ　ＰＵＬＬ
Ｚｏｏｍ　双方向
メルマガ　ＰＵＳＨ
メールDM　ＰＵＳＨ
ＬＩＮＥ　双方向

このようにＰＵＬＬタイプの方が多くなります。

通常、囲い込みの方法としては

ＰＵＬＬ型のツールで特定テーマに興味のある人をまず、集客して、個人の特定情報を捉えてＰＵＳＨする情報を送っていくステップとなります。

特定情報を得る手段として試供品提供を条件としたメルマガ読者登録があります。（ＦＢ広告も通常、問い合わせにつなげるために実施しています）

ユーザー側から見ると階段を上っていく際に、心理的ハードルが上がるのが

・特定情報を相手側に提供するステップ
・有償のもの、サービスを購入するステップ

です。特に後者です。

販売者側から見るとそのステップをいかに工夫するかです。

（4）双方向通信

これらのツールの中で、Ｚｏｏｍの特徴は双方向通信であることです。

現在多くの機能が開発されています。

これは、リアルでの対面型の接触を参考に、いかに対応すればいいのか考えればよいのです。

身も蓋もないことを言いますと、リアル対面型であってもＺｏｏｍ通信であっても話の面白くない人は、そのままであり、司会などの仕切りの下手な人も同じように映ります。

また、セミナー後の講師への質問についても、それ以外の人が聞いてもあまり参考にはならないケースもあります。

まずは、企画あるいは、話の内容を練り上げることが重要です。

（5）動画発信

アップロードは意外と簡単です。最初は遊び心でやってみましょう。

では、何のために動画発信するのでしょうか？

真の目的は発信する人の人柄を知ってもらうためです。

動画では人柄が浮き出ます。隠せないと言い換えてもいいでしょう。

ポイントは、収録時間をなるべく短くすることです。

動画１本あたりの時間が一般的に長すぎます。視聴者は３分以上はとどまらないと言われています。収録する前に話をまとめる訓練が必要です。

この動画分野も現在、競争が激化しています。また、このコロナ禍で、有名人が動画業界に参入してくるのも脅威となっています。

自分はどのような、コアな魅力があるのかを第三者的に見つめなおしてみることをお勧めします。

動画発信も次への問い合わせにつなげないと意味がありません。

後に説明しますが、一般的にはＬＰと言われる商品頁にリンクを貼ります。

５. 非接触ビジネス類型化

ここで、非接触ビジネス化の類型化を試みます。

こういう類型化も誰もしていなかったことです。

経済行為とは、商材を購入してもらう行為で、その商材の中身は有体物と無形のサービスで構成されます。商材を営業して購入してもらうということで成り立ちます。

すると要素は

・有体物→その受け渡しの場面でいかに非接触の考えを入れるか？

・サービス→サービスの消費場面でいかに非接触の考えを入れるか？

・営業行為→その商品の説明場面でいかに非接触の考えを入れるか？

となります。このように書くと簡単な話のように聞こえますが、実際に個々のビジネスにおいては何を非接触としていくのかは簡単ではありません。また、既存ビジネスの非接触ビジネス化ではなく、事業自体を再構築する場合もあります。全体として以下のように類型化することができます。

①既存ビジネスの非接触ビジネス化

ａ：営業場面の非接触化

ｂ：商品受け渡しの非接触化

ｃ：サービス提供場面の非接触化

こちらの３つの類型についてもう少し詳しく説明していきます。

①既存ビジネスの非接触ビジネス化

　既存ビジネスを非接触ビジネスにする場合に最初にイメージするのは、既存ビジネスをどのようにすればオンラインで提供できるのか？接触期間を減らすことができるか？ということです。

そのように単純に考え非接触ビジネスが提供できる場合、同業界にモデルとなる事業者が存在する場合には良いのですが、そのような環境にいる事業者ばかりではありません。まずは、既存ビジネスを分解していく必要があります。そして分解をしたアクションごとに非接触にできるかどうかを判断していく必要があります。

例えば下記のような形で既存ビジネスを分解してみてください。

1. 広報・宣伝
2. 営業
3. 商品・サービス提供
   - A) 注文・契約
   - B) 商品・サービス本体の提供
   - C) 会計
4. アフターフォロー

事例集の不動産業におけるＶＲ内覧システムの導入は主に広報・宣伝や営業場面の非接触化であり、実際の商品・サービス提供場面ではありません。後ほど、事例にて紹介しますが、イタリアンワイン＆カフェレストラン サイゼリヤでは、利用者に手書き注文をするという形で、注文場面の非接触化を実現しています。

ａ営業行為→その商品の説明場面でいかに非接触の考えを入れるか？

これは、最も非接触のやりやすい類型です。この類型は訪問の必然性はもともとないのかもしれません。

それだけに一斉にリモートによる研修・セミナーなどが始まった訳ですが、取り組みやすいだけに競合業者も多いことになり、利用してもらう為には吸引するブランド力が必要になります。

本書では第１部においてゼロからブランドを上げながらいかにビジネスを組み立てるかを解説しましたので、その手法をお読みください。

なお、類型化の中でリモートワーク等の働き方の合理化については類型に入れませんでした。

この非接触ビジネス推進については、欧米では、顧客への販売システムに絡むものという考えがあります。顧客の方も利便性が増すという発想です。

働き方の合理化については企業が、経営管理の一環として当然なすべきことという考えが世界基準なのです。

ｂ　その受け渡しの場面でいかに非接触の考えを入れるか？

商品はモノである限り、取りに行くか配達するかしかありませんでした。そこでは、既に購入のＥＣ化が起こっています。２０２０年には飲食業で一斉にテイクアウトサービスが始まりました。

この類型が最も行き詰っているのです。

それらに取り組んだ事業所は、利益幅を以前通り取ることの困難さを実感しました。

サービス業は第３次産業と言われ、それにはそこで、サービスを受ける値段が含まれていていることが客との暗黙の了解になっていたからです。

その値段を通販、宅配にした場合どういう値付けにするのかという問題に加えて、輸送代や容器代というコストも発生し、コストの幅を取られるという問題が発生します。

これを消費者が納得する形でどのように解決するかは、まだまだ模索が続くでしょう。

戦略的に考えてみましょう。その商材が、代替物に置き換えられないか？という視点が重要です。

軽くならないか？形のないものに置き変わらないか？

例えば、以前はお金で払うことが前提の世の中で、常に財布の残高を意識して足りなければ、銀行で下ろしておくことが必須でした。

しかし、その代替の支払方法であるカード取引が発達してその必要はなくなりました。(今では携帯電話ですね)

根源的な部分を考えてみましょう。果たして有体物を運ぶ必要があるのかという視点です。

未来を夢想するならば、有体物であっても、設計図だけ送信し各家庭の３Ｄプリンターから望むものが出てくる時代が来るのかもしれません。

c　サービス→サービスの消費場面でいかに非接触の考えを入れるか？

サービスにはその場限りの消費性があります。例えば、散髪などをイメージしてもらえばいいでしょう。この類型は、利用者が本当にその場所に行ってサービスを受けなければならないのかがポイントとなります。

医療はどうでしょう？飲食は？映画は？

実際にそこに行かねばならない業種は、サービス提供時にソーシャルディスタンスや衛生管理に配慮するしかありません。

イベントビジネスでは、見せるものは現地観劇とリモートの平行が可能であることに気がつきました。

その場所に行ってサービスを消費するのが一般的と思われている業種も、潜在観念に捉われず考えてみましょう。

そのための良い機会です。医療におけるリモート診療もようやく試行錯誤が始まりました。

6．非接触ビジネスへのシフトを考えるということ

ここまでは、自社ビジネスをゼロから組み立てていくという観点で説明しました。

しかし、既存事業のコアな部分は変えないで、事業シフトを図っていきたいと考える人もいるでしょう。いや、事業シフトの方が大半でしょう。

その場合の段階を追った手順を説明します。

自社のサービス、商品を非接触ビジネスへ転換するということはひとことで言うと、提供価値を非接触に適合させるということです。

（1）非接触ビジネス３段階

非接触ビジネスと一口に書いてきましたが、非接触ビジネスには段階があります。そもそも非接触ビジネスとは、コロナウイルスの感染拡大を防止するために政府が「３密」を避ける行動を呼びかけたことにより生まれました。

「３密」とは、換気の悪い密閉空間、多くの人の密集する場所、近距離での密接した会話を避けることです。３密回避のために、人との接触をできるだけ削減するために非接触ビジネスが検討されました。非接触ビジネスは大きく３つの段階があります。

①Ｚｏｏｍやテレビ通話、動画配信などを利用した対面での接触機会を完全に無くした形でのサービス提供

②通販やデリバリーなどサービス提供のために商品を届けるが、人同士の接触はないサービス提供
③電子マネー決済などなど対面での接触機会は減少させているがサービス提供は現地で行う。

自社の提供サービスによって、どの段階でのサービス提供ができるのかということを考える必要があります。

（2）提供価値を非接触に適応させる。

非接触ビジネスへの転換を考えるうえで大切なことは、自社のサービスの本質を捉えることです。自社のサービスによって提供している価値を非接触の形へと置き換えることです。また、同時に非接触ビジネスによって失われるものも正しく捉える必要があります。

消費者向けビジネスで考えると、従来は自宅で体験するものと自宅外の店舗や施設で体験するものに分かれていました。これからは店舗や施設で体験するものを自宅で体験するものに置き換えていく必要があります。

このように考えることは何も新しいことではありません。従来からもいくつかの分野で行われてきました。コロナウイルスの感染拡大という状況において急激に多くの分野で取り組む必要が発生したと感じますが、早かれ遅かれ多くの分野において取り組む必要が発生していたと捉える方が抵抗感なく検討ができると思います。
その例を挙げるとすると、テレビゲームがあります。かつてはゲームセンターや喫茶店でしかできなかったテレビゲームは、家庭用のゲーム機が販売されることにより自宅で楽しむものへと変化しました。

その後、対戦ゲームの人気拡大により一時期はゲームセンターへ多くの

人が訪れるようになりましたが、現在はオンラインゲーム対戦の普及によって、ふたたび自宅でゲームをするという状況になっています。

テレビゲームの場合には、コロナウイルスの感染拡大とはまったく関係なく非接触ビジネスを実現していたと言えます。また、コロナ禍の環境においては、Ｎｉｎｔｅｎｄｏ　Ｓｗｉｔｃｈ（スイッチ）の場合、任天堂は深刻な供給問題に直面し、多くのオンラインストアで在庫がなくなる事態となりました。

読者の中には、実際に入手できずに苦労された方もおられるのではないでしょうか。

テレビゲームで言えば、そのサービスの本質はゲームをすることであり、ゲームセンターや喫茶店に行くことではありませんでした。サービスの本質は変わらず、サービスを享受できる場所がゲームセンターから自宅へと変化したと捉えることができます。

（３）非接触ビジネスを考えるステップ

自社のビジネスを非接触ビジネスに転換していくということを考えた場合のステップの一例をまとめました。多くの場合には、誰も見たことがないビジネスアイデアを考える必要はありません。他社の取り組みを真似ていくだけで良いのです。しかしながら、表面的に真似をしても成功はしません。他社の事例を元に自社の状況に合わせたカスタマイズが必要です。

①自社の強みと弱みを洗い出す

自社の強みと弱みをもとにビジネスモデルを考える必要があります。特に自社と競合を比べたときの競争優位性がどこにあるのかということを分析する必要があります。分析には、ＶＲＩＯ分析が有効です。

競合他社と競合優位性にある自社の本質的な価値は何であるかということを見極め、新しいビジネスにつなげていく必要があります。

ＶＲＩＯ分析とは

企業内部の経営資源を以下の４つの視点から評価することによって、企業内部の強みと外部に対する競争優位性を分析し、経営戦略の施策立案に役立てる分析手法です。

・価値(Ｖａｌｕｅ)

・希少性(Ｒａｒｉｔｙ)

・模倣可能性(Ｉｍｉｔａｂｉｌｉｔｙ)

・組織(Ｏｒｇａｎｉｚａｔｉｏｎ)

②ターゲット

ビジネスのターゲットとして、年齢、性別などの属性を設定するのは当然のことながら、非接触ビジネスの展開においては、初回利用者とリピート利用者、既存顧客のＩＴレベルを設定属性として追加すべきです。

ビジネスモデルによっては、初回利用者へのアプローチは難しいというケースも多々あります。初回は対面にて商品説明を行い、リピート注文のみをＥＣサイトで注文を受けるという方法も有効です。

③競合の設定

インターネット販売を行う場合に特に注意しないといけないのが競合の設定です。リアルでの営業活動をしている場合には、同じ商圏にある競合に注意しておけば良かった事業者も日本全国の同業種を注意しないといけなくなります。常に差別化を意識してください。

７．非接触ビジネスはモジュラー化を図ること

同時に複数の人に働きかけていくにはモジュラー化の発想が必要です。

モジュラー化は日本語では標準化です。標準化は日本の製造業の得意分野と言われました。

最初の一品を作るときに精緻な設計をして２品目からの製造は自動化できる仕組みを作るということです。

レバレッジ部分は１品毎の製造コストの削減です。

考慮すべき要素は

・法に適合している

・標準化されたものが消費者嗜好に合っている

・アフターフォロー工数の低減まで考えられている

ということです。

消費者嗜好を調べるのが

・ＩｏＴ

・Ａ／Ｂテスト

の仕組みです。

事例で説明します。ＩｏＴはユーザーとつながっているということで、Ａ／Ｂテストとはどちらがいいのか常にテストするという意味です。

家具販売の国際的企業であるＩＫＥＡは、販売先として進出している国の全ての家具販売の許可にかかる法律を綿密に調査して、最大公約数で通用する設計規格を編み出してから商品として事業を開始します。

これが、高度なモジュラー化の手法です。

我が国のものづくりの歴史はできるだけ顧客ニーズを取り込む過程で、顧客ごとのマイナーチェンジを多くして多品種少量生産体制をとってきました。

その結果、販売する側の管理コストを窮屈にしてきたという歴史があります。

このモジュラー化は､顧客ニーズを聞かないということではありません。

ＩｏＴ､Ａ／Ｂテストで常に最大公約数を考えていこうということです。

通常、中小企業はこの標準化の逆のことをやっています。

そこで起こるのが忙しくて人出不足、バタバタしている割には儲かっていないという現象です。

お客様にセールスするということは、言われる通りにマイナーチェンジしますということではありません。

セールスは一定のパッケージにあてはめるために事前教育をしているという発想の転換が必要です。

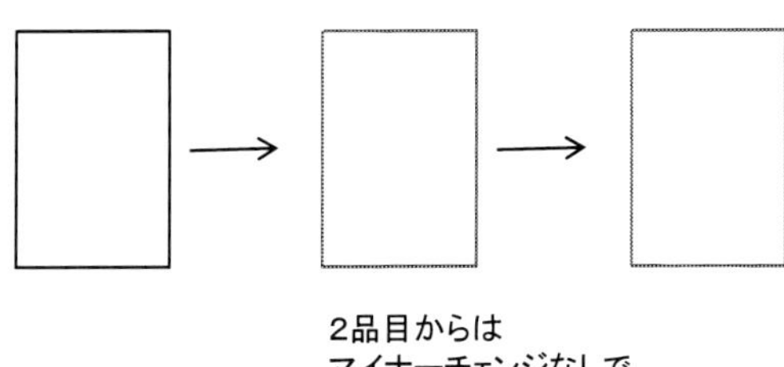

ここで、注意事項はモジュラー化の考え方を仕組みに入れると「バグ」も発生するということです。

近年のシステムがらみの事故の被害範囲の大きさを思い出してもらうとイメージが湧くと思います。

対策としては

・慎重に設計する

・一回はモニターテストをする

・バグが発生するリスクには敏感になり、事故発生には速やかに真摯な態度で挑み、隠さないこと

が肝心です。

８．非接触ビジネスの発展系

（１）サブスクリプションサービス

近年の流通の用語としてサブスクリプションサービスというのがあります。

ユーザー志向に合うものとして広がりつつありますが、これは、商品・サービスの対価を都度払うものではなく、その購入・利用の権利を買うものです。

サブスクリプションサービスは誰かがこのサービスを業界で始めたとなると、急いで我が社も参入できないか検討する必要があります。そうしないと一人一人の可処分所得の関係からＡｍａｚｏｎで何でも買う人は他に消費が回らないようなことになるからです。

サービス業小売業に従事する事業者は取り組めるかどうかの検討が至急必要になります。

（２）オンラインサロン

オンラインサロンとは、オンラインで語り合うという形式です。これは一般的に有料です。主催者はその運営にコストをかけています。

いや、通常主催者側はそこで集まる収益以上にコストをかけています。

これが最終形というのは、それ（有料）でも、そこに集まった人というのはそのコンテンツを認めていることを示すからです。

集まった人つまり契約者はそのサークルからは離れにくくなります。

月３，０００円～１０，０００円会費なのですが、１，０００人以上集めているのは芸人の西野亮廣、堀江貴史など５名程度と言われています。

９．非接触ビジネスに必要なもの

（１）楽しいコンテンツを広めに

求められるものとして　有意義の上に楽しいのかどうか？がポイントです。

コンテンツに楽しさがないといけないというのは、今まさにこの時代を反映しています。

例えば、勉強のツールで考えてみます。

学校形式の通学コースには、少なくとも自分に通学の習慣付けができるということと、行けば人に会える、これをもっとかみ砕いていうとそこで友人ができるという期待感を持って契約するでしょう。

よって、これに対応する楽しさのプラスアルファが何かあることを期待させる要素がないといけません。

自宅でパソコンの前で座って勉強しているイメージは苦行のイメージすらあるので楽しさの要素は重要です。

東進衛星予備校などは、そこを有名講師のキャラクターで補完しています。

昨今の時代の雰囲気よりユーザーがこの楽しさを求めるというのは理解できると思います。

イベントの分野では、この楽しさの演出に成功したものが市場で独り勝ちするケースが多くなってきています。

サザンオールスターズ・嵐のリモート型コンサート、映画「鬼滅の刃」のヒットなどです。そこで起こっていることは、現在は不安な時代なので、他者の評価に乗るという現象です。

これを逆に言うと、ヒットしないととんでもなく集客に苦労をすることになります。そこで、インフルエンサーにお金を払って宣伝してもらうということが一般的になってきました。

一般事業者は、自社なりのキャラクター付けが必要と思われます。

そして自社のサービス分野の話題提供は、フィールドを幾分広めにとる方が良いでしょう。

規定するゾーンが狭いと話題がすぐ尽きてしまうからです。

最初は、やる気満々で情報発信を始めても、これが理由で頓挫している人は多くいます。

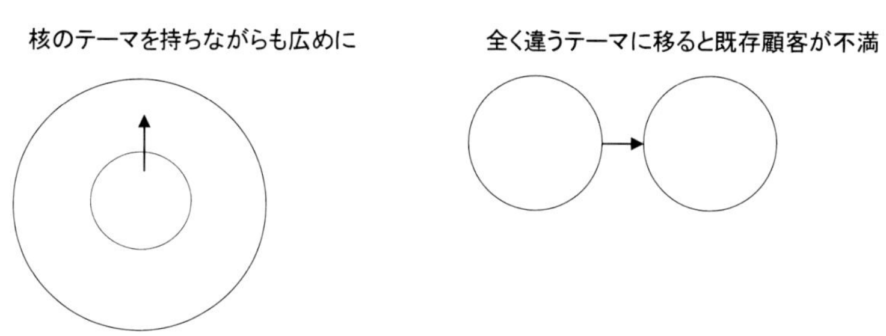

（2）ハイタッチ

新たなマーケティング手法で展開するとビジネスが成り立った瞬間から会社所在地との物理的距離の概念は関係なくなり、全国各地から問い合わせが入ります。

そうなると、販売の一連の流れをクライアントの顔も見ないで、あるいは、肉声も聞かないで済ませるということが普通になります。

そこで、販売サイクルの中であえてユーザーとのやり取りを取り入れること、すなわちヒューマンタッチを入れるという手法があります。

ここで、購入客より

・顧客特性情報を収集

・商品の満足度を測る

・次の商材のアイデアをいただく

ということを狙います。

クレーム顧客（＊）に対しても同じ効果があります。

よって最近、クレーム客の情報さえ重要といわれるのです。

（＊）この場合のクレーム顧客には、モンスタークレーム客と言われるクレームをつけることが目的という顧客は含みません。

コールセンター運営のノウハウには高度なテクニックが要求されます。ストレスが溜まりやすく、評価されにくいからです。

（３）ＬＰ（商品を明示するページ）

非接触ビジネスにおいて、顧客のアプローチは階段であり、上って来てもらう形と申し上げました。

そこで、各階段に商品を置いてもいいのです。

ノウハウをパッケージ化することが不可欠になります。

例えば、マニュアルブックです。

ここで、先の読める人はこう考えるかもしれません。

同じコンテンツの形を変えて売っていいのかと

それはいいのです。顧客満足度はそれで増すのです。

その際、その目印となるのがＬＰと言われる商品頁です。

最低限これを作る努力をしないといけません。

顧客はコンテンツに満足したらそれを購入しようという気持ちと、なるべく無料で済ましたいという心の板挟みになります。よってネット通販では無料試供品を請求してもらうというステップを設けるのです。

有料販売を無理押しするのが対面での営業なのかもしれません。しかし、満足しないまま購入すると結局、顧客のストレスは溜まっていきます。

自主的に細かく組まれた階段を上ってもらうシステムは、意外と合理的なのです。

（4）関連商品（商材レバレッジ）

商材レバレッジとは同じコンテンツ（内容）で商材をフロントエンドからバックエンドまで揃えるということです。

広くではなく、深く商材開発していくということになります。

通常バックエンドに近づくにつれて

・プライスが上がる（利益額も上がる）

・マンパワーをかける

ということになります。

勘違いしてはならないのは、最初から商材のラインナップを作るということではなくて、フロントエンドの商材の売れ行きを確かめてからバックエンドに進む商材の開発をして行くということです。

そのために商材開発のスピードが要求されます。

この手法は、一見すると同一顧客に同様の内容のものを何度も売りつけているように見えるかもしれません。

しかし、ユーザーのウォンツが深い場合には逆に顧客満足度は上がります。

イメージ図は次のようになります。

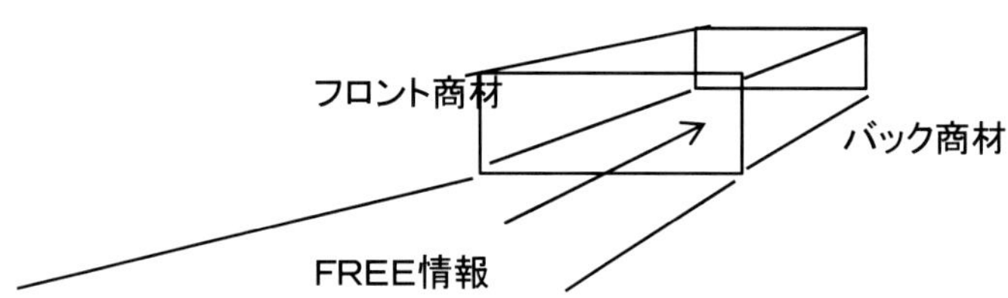

当然、バックエンドに近づくにつれて成約率は低くなるという形となりますが、顧客側から手を挙げてくれる形なので自動的に顧客の層別ができるというメリットもあります。

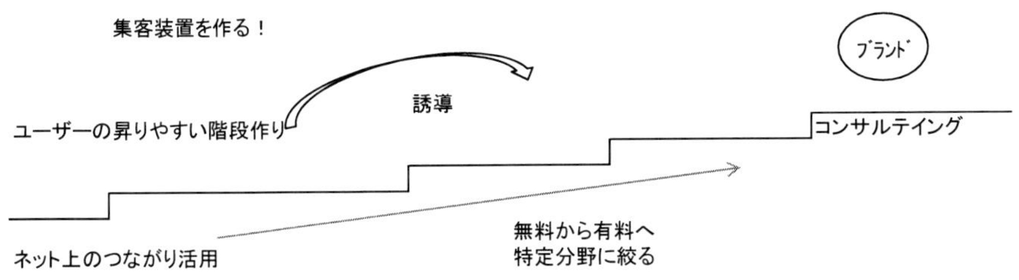

お客様に階段を上ってきてもらう途中に買いやすいサービス品を置いていくイメージです。

１０．ネット上で流れを作る

商品コンテンツと集客スキームのどちらが重要なのでしょう？

ここで、集客スキームの方はプラットフォームという場合もあります。

結論から言うとどちらも必要です。

しかし、上位は、商品コンテンツの方です。世の中のイメージではそれが逆転しています。

コンテンツとは、すなわち商品・サービスの特質を示したもので、消費者は商品コンテンツを買いに来るのであって、集客スキームを買いに来るのではないのです。

集客スキーム、あるいは、プラットフォームは商品コンテンツを広めるためのものです。

このように考えると現状では綺麗なプラットフォームを作ることばかりに精力をつぎ込んでいる割には内容の無い、あるいは、真似て作ったようなサイトばかりが目に付きます。

あるサイトがヒットすれば真似しますので個性の無いものが氾濫するという正に合成の誤謬の状況が見られます。

ネットでの集客スキームを敷いていこうというマニュアル本には次頁のようなフロー図が示されています。ランディングページとは問い合せ、あるいは販売ページです。

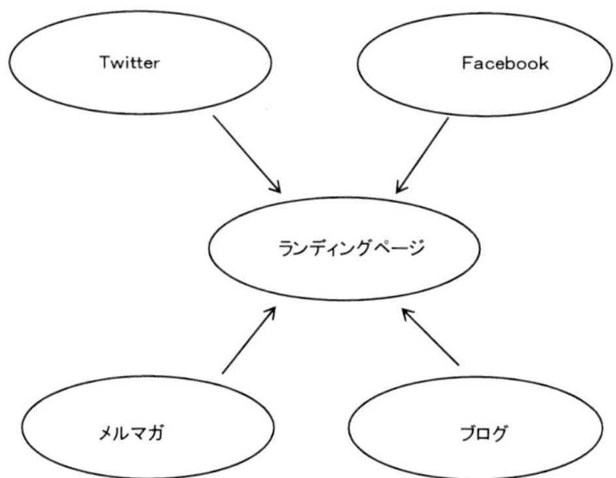

要するに内容で分けると

・売りたい商品・サービスを売るＬＰ（ランディングページ）

・そのコンテンツが深いことを示す頁で、経常的に情報発信して、更新頻度を上げるべきツール（ブログなど）

・上記２つを宣伝するための出先機関のようなツール（Ｔｗｉｔｔｅｒ、Ｆａｃｅｂｏｏｋなど）

の３種になります。

その役目の割り振りから使うべきツールは決まってきます。

例えばＴｗｉｔｔｅｒは１４０文字までですので、自動的に商品頁に誘導する出先機関の役割となります。

１１．非接触ビジネスの周辺知識

（1）管理ツールで必要な要素

管理票

	＊月＊日	＊月＊日	＊月＊日	＊月＊日	＊月＊日
総閲覧数	230	152	189	190	450
問合せ数	12	23	30	23	35
成約数	1	5	2	4	8

・情報発信反応数の指標

まずは、自社サイトなどへのアプローチの件数を上のような表でカウントしていきます。

問い合わせ件数との閲覧数との比率を取っていくのですが、比率的には一定比率に収斂していきます。

注意点は、その場合の分母の閲覧数至上主義に陥るなということです。

どうしても閲覧数を増やしたくなります。それが有効な情報なら良いのですが、閲覧数を上げるためだけの煽る情報発信をしがちになります。

顧客名簿

NO	会社名	氏名	住所	メールアドレス	電話NO	注文商品	定性情報

・定性情報

次に、問い合せ以上のお客さんのリストです。これも必要です。

この時代にはメールアドレスを軸にするのが最もコストパフォーマンス

は良いと思われますが、住所情報を収集して郵送ＤＭという形式も否定はしません。

注意ポイントは、メールＤＭが主体の事業でも、住所を中心とする顧客特性情報は入力していった方が良いということです。

後で、検索するときにヒントは数多くあった方が良いということです。

例えば、データが累積すると個人名では佐藤さん、会社名では佐藤製作所が１０件以上になったりするのはよくあることで、人の記憶能力のキャパシティーを超え、１件ごとの特性は記憶しにくくなります。

これは、最初は、記憶でこなせると錯覚しがちなのですが顧客数が多くなってくると、顧客の個性も含めて顧客特性のデータに頼らなくてはならなくなるからです。

ここで､その記憶の保管のために定性情報をメモする欄も作るべきです。

これは、触れ合い（ハイタッチ）を入れよというところにつながっていきます。

商品A

顧客名	問合せ	成約	入金	発送	アップセル	定性情報
＊＊＊	○	○				

＊）先に入金の場合

・入金回収までの管理表

次に必要不可欠なのは、商品ごとの販売から回収までの管理表です。

ここでは、サービス提供の先に入金か否かは問いません。

これも記憶に頼った仕組みつくりをしては絶対いけません。

この部分は、確実にサービス提供をこなしていかないと一気に信頼を失います。

特に問い合わせから成約日、あるいは、入金日までの期間が開くと処理する人の記憶に頼っていてはサービスの処理がスムーズにいかなくなります。

期限などでアラームの仕組みを組むことも有効です。

アップセルとは、より上位の商材をセールスすることです。

ここでも、その記憶の保管のために定性情報をメモする欄も作るべきです。

（2）財務ではマーケティング貢献利益と注文処理費用

まず、旧式の財務分析の各利益率というのは意味を無くしています。それは、決算の作り方によって粗利益率、営業利益率、経常利益率の３段階がいかようにもなりますので、平均指標との比較が意味をなさないからです。

そこで、最近注目される考え方が出てきました。

売上－商品原価－フルフィルタリング費用（注文処理費用）－直接経費＝マーケティング貢献利益とする方式です。

ここで、

・フルフィルタリング経費という費目をあえて立てている
・逆にプロモーション費用、広報費などは引かない

ということですので、利益部分としてのバッファを、プロモーション費用にあててこの部分を拡大再生産していこうという考え方です。

当然のことながらベースになっているのはネットをツールとした通販の仕組みです。

（＊）フィルタリング経費とは、注文を処理していくのにかかるあらゆる経費です。専任の人件費ももちろん含めます。

ここまでで何を示すかというと

いわゆるダイレクトレスポンス形態事業でのマーケティング貢献利益という粗利益公式が初めてできたということです。

この粗利益段階での黒字化を目指すのが第一歩となります。

当たり前に感じられる方もおられるかもしれませんが、実際にランニングを始めるとその第一段階での黒字化がいかに難しいかが分かるでしょう。

マーケティング貢献利益が出るようになれば、その利益部分をいかにマーケティングへの再投資に配分していくかのバランスの問題となります。

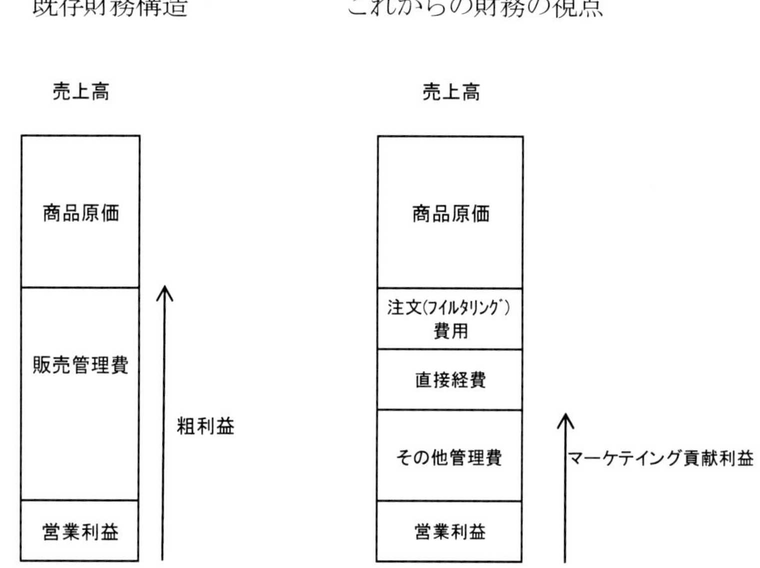

注文処理経費も専任の人を置く場合、その人件費を意識してください。

専任人員の費用の投資なしには、この非接触ビジネスの確立はあり得ません。片手間ではできないということです。

是非、ここで発想の転換を図ってください。

１２．非接触ビジネス確立までの総括

ポイントを述べます。

・非接触ビジネスでも支障のないようにブランドと信用力をつける

そのためには、継続的な発信とソフト面での投資とそれが実現するまでの一定期間の時間の辛抱が必要となる

・スキームの中にハイタッチ（人との触れ合い）を入れる

電話などは非接触ですが、ハイタッチの要素はあります。クレームを生の声で聞くという形でも良いのです。

これは、①相手の満足感を上げる②次のサービスのアイデアを得る

③一人一人の顧客特性を掴むという効果があります。

③については、全てを非接触とすると一人一人の個性が掴みにくく、いずれサービス解約など大きなリスクとなりかねません。

・商品・サービスゾーンはある程度広めにとる。そうしないと、情報発信していく中で話題が尽きてしまう。

その広がりは関連テーマを拾っていく形が良く、全く関係ない分野に広げるとシナジー効果が生まれず、また、イメージが拡散してしまう。

・非接触ビジネスでは各種のリスクヘッジ策を施すべき。

それは、顧客の情報管理という視点と、災害時予防（ＢＣＰ）という視点があります。これは後述します。

顧客情報管理ではストックである顧客名簿の管理が最重要。

・顧客側からアプローチしてもらう仕組みは階段を上ってもらうイメージとすべき。

よって階段はできるだけ細かく上りやすくする。その過程で商品・サービスを売ることも可能です。

そのためにはサービスのパッケージ化が必要です。

ただし、今市場は冷えており、無料ステージから有料ステージへの階段を上がってもらうことに最大の努力をつぎ込むべきです。

そこで、煽るような宣伝をしてはいけません。

ブランドを醸成していくのは通常ネットツールで人と会わない方法で済ますことになりますので、どうしても煽るという行為に陥りがちです。

これは、大企業でも同じ現象を起こしています。

我が国では、書いてあることと実際の品質が違った場合に厳しく批判する傾向にあります。

またブランド醸成の次のステップとしてレバレッジを利かして広告する、営業するという段階に移りますと１対多の通信となりますので、その軋轢が強くなります。

ブランドを上げる初期はＰＵＬＬ戦略という引く戦略を使いますが、次の段階のＰＵＳＨ戦略の時は特に要注意です。

ここでは、法律を順守するということを固く誓ってください。

また、見てもらえるようになるまで一定時間を要することも覚悟しましょう。

ここを我慢できずに撤退する人の方が圧倒的に多いです。

そのためにもこまめに情報・内容の更新を行う必要があります。

次に非接触ビジネスの確立までの手順を説明します。

・何を売るのかの定義を行うが、話題提供が幅広くできるように、広めに定義する。それをどのような人に買って欲しいのかのマーケティングを定義する。

・顧客が非接触の状態で寄ってくる階段のシステムを設計する。

ステップアップしやすいように上りやすい細かい階段を設計する。

ポイントは

・個人特定情報の提供してもらうステップ

・有償サービスを初めて購入してもらうステップ

に、最大の労力を注ぐ。
・顧客が階段を上る動機を強くするためにブランドを上げ、販売促進策を打つ。
・このスキームが回り始めるまでの時間と工数、時間の投資を覚悟して、そのコスト投入のプランニングを行う。
・ツールとして、ＬＰという商品頁・情報発信のツールを使いネット集客スキームを作る。

これで、売上まで発生する段階にいけば、通常のビジネスと同じくＰＤＣＡのサイクルを回す速度を上げていくことになります。

１３．非接触ビジネスでのリスク管理

ここまで説明してきた通り非接触ビジネス化を図るということは
・ＩＴツールを使う
・広報の方法をモジュラー化して広範囲に呼びかける
ということです。今までの訪問（接触型）ですべてをこなしてきたやり方からリスクは増します。ここでは、その予防法やアクシデントの起こってしまった時の対処法を考えましょう。

（１）リスク予防措置

このレバレッジをいかした展開で最も注意すべきは、設計に失敗するとリスクが拡散するということです。

古くはリーマンショックの被害、最近ではシステムダウンが広範囲の被害を及ぼしている事件を思い出してもらうと分かりやすいと思います。

近年ネットのシステムを悪用した犯罪も広範囲化していることをご存じだろうと思います。

それは、仕組みを標準化する際に、リスク対応が考えられていなかったからです。また、ハードの一斉リコールが起こるのも設計段階での甘さが

理由です。

予防のためには

・設計段階で、慎重を期す

・テストを慎重にする

・バグの兆候を早めに察知して対応する

しかありません。とりあえず1件モニターに売ってみるというモニターテストも重要です。

（2）災害対応の側面

災害対応は近年ＢＣＰという緊急時の継続経営の手法として確立してきました。

事業所拠点にて災害が起こった場合の

・状況の把握・連絡先の把握

・所在地の災害の予測（ハザードマップで最大被害度合を調べる）

・事業継続力強化に資する取り組み

を調査・策定します。

国（経済産業省）の認定制度に事業継続力強化計画というものがあります。

以下は私が事務所として認定を受けた事例です。

災害の最大被害予測は調べることに意義があります。

事例：

被害状況の把握

被害情報の共有 代表者＊＊が被害状況の把握をする。

被害状況を簡潔にまとめて、事業提携先に報告する。発生後6時間以内

顧客情報を中心として重要な情報がどこに格納されているかの確認の準備をしておく。

災害時はいつ、どこで、何が原因で、何が被害にあった、被害の程度は簡潔にまとめる

代表者が従業員全体と事業提携先に連絡する。

事業活動に影響を与える自然災害等の想定
・当事務所拠点は＊＊＊＊＊の地域で造成時に山の斜面を削り取って建設したため海抜高度があるので水災の危険性はなし
・地震は南海トラフ時予測　震度６弱　有馬高槻断層時も震度６弱予想である。海抜高度があるので津波被害の心配なし
・土砂災害は近辺には天王山の土砂も想定区域もあるが所在地の被害予測は出ていない。

<u>テレワーク体制を敷くとスタッフ全員、所在地のこの想定を調べさせておくことが重要です。</u>

事業継続力強化に資する取り組み
<現在の取り組み>
拠点は災害に遭いにくいロケーションにある。また、サーバー方式をとっていないため新たな設備の導入は考えにくい。
拠点及び、テレワーク者に地震の際、ＰＣ類に害が及ばないような事務レイアウトづくりを励行している。
<今後の取り組み>
テレワーク者も同様に地震の際、ＰＣ類に害が及ばないような事務レイアウトづくりを励行させる。

（３）ハード面でのセキュリテイ
ハード面でのリスク予防は以下の通りです。
地震で揺れた時に物が落ちてこないようにするなどはシンプルなロジックですが、現実に御社の事務所内部はそうなっているでしょうか？

・ネット上に重要なストック情報（顧客情報・顧客名簿など）を置かない。
・ホストコンピューターのある場合は地震などで上から物が落ちてこないようにする。
・サーバーも同じく、サーバーラックで囲む方法もある。

（4）ソフト面でのセキュリティ

最近よく聞くのが、Ｚｏｏｍは何らかの方法でコードナンバーが知られたら勝手に入られるということです。

これを理由に、Ｚｏｏｍ会議、あるいはそれどころか、リモート体制すら取っていない行政機関があります。

しかし、私の感覚では、これでやめてしまうほどのことではありません。

フローとストックで言えば、これはフロー情報であり、しかも、その一場面を切り取って見られても、聞かれてもあまり意味は分かりません。

問題はこういう時代でも顧客名簿、顧客情報等のストックです。

それをオンラインに置かねば良いのです。それをデータとして保存した媒体の管理は厳重にすべきです。

この顧客リストについて、取り扱ってもよい担当者を決めている会社はあまりありません。

何に保存するのか？それをどう管理するのかは規程を作るべき重要事項です。

第２部
非接触ビジネス
推進マニュアル
【業種別編】

第２部の読み方

この第２部では、読んでいただくうえでの注意点があります。

それは､これが成功するビジネスモデルの紹介ではないということです。

すべて、現在、発展途上の話であるということです。

繰り返しますが「合成の誤謬」の法則より、こうすれば、成功するという戦略においての絶対公式はないのです。

では、学んでほしいことはと言うと

・非接触ビジネスとは、どのように展開していくのかという感覚

・既に先行して挑戦している人たちのマインドです。

先行して実践していった事例からノウハウを得られることも事実です。

紹介している事例の中には、顧客として体験ができるものや、さらに詳しく解説されている記事があるものなどが多数含まれています。

単に知識として事例を読むだけでなく、体験や情報収集を通じて、自社事業における非接触ビジネスの可能性、非接触ビジネスへの転換ポイントは何なのかをまず、考えてみましょう。

なお、事業再構築補助金の定義に照らしますと事業・業種・業態の転換まで行っていない事例もあります。

あくまで、非接触の考え方、あるいは、アイデアと捉えてください。

取材に応じていただきました事業所には、この場を借りまして御礼申し上げます。

１．飲食業

コロナ禍において、観光業についで影響が大きかった業種が飲食業です。飲食業については、多くの店舗で非接触ビジネスを導入しており、既に体験済みの人も多いと思います。

飲食店の場合、非接触ビジネスモデルの方向性として、

（１）店舗内における接触機会を削減するための取り組み

（２）店内での接触機会をゼロにするためのテイクアウト等の取り組み

（３）インターネットを使った新たな顧客を獲得するための取り組み

の３段階があります。

（１）店舗内における接触機会の削減するための取り組み

飲食店における顧客と従業員の接触機会は、注文、配膳、会計です。注文時の従業員と顧客の接触機会の削減のための卓上タブレットによるセルフオーダーの導入や、会計時に顧客と従業員が直接金銭の受け渡しを行わないようにするための電子マネー決済や食券、セルフレジの導入があります。

また、感染予防対策として、従業員のマスクやフェイスシールドの着用、テーブル間のパーティションの設置、間隔を開けたテーブルレイアウトなどがあります。

これらの取り組みは、すでに多くの店舗が取り入れており、顧客側として多くの人が体験済みだと思います。

これらの対策は、コロナ前にはなかったコストやオペレーションが発生するとともに稼働席数の減少、受け入れ可能人数の減少につながります。

現状においては、あくまで飲食店内における感染防止という観点が強く、ビジネスへとつなげることができていないというのが実情です。

売上確保のための新しい顧客層の獲得

前述のように飲食店においては感染防止という観点が強く、稼働席数の減少という点から接触機会の減少が売上につながるということは少ないです。

その中で新しい取り組みをしている飲食店も出てきています。まだ、毀損した売上をカバーできるほどの取り組みはなかなかありませんが、ここでは２例紹介します。

①おひとりさま忘年会セット
一人客をターゲットとした忘年会プラン。最近では、Ｚｏｏｍ忘年会なども増えています。Ｚｏｏｍ忘年会参加者などをターゲットにしたプラン設定なども考えることができます。

②テレワークスペース、コワーキングスペース
ランチタイム、ディナータイム以外をテレワークスペースとして提供をするサービスなどにより従来以外の顧客に利用してもらえる取り組み。

ＤＸ（デジタルトランスフォーメーション）だけではない

非接触ビジネスの推進にあたっては、ＤＸ（デジタルトランスフォーメーション）が着目されています。飲食店の事例では、タブレットによるセルフオーダーや電子マネー決済などです。

しかし、現実問題として、小規模店舗などでは導入にあたっては、コストの問題、オペレーションの問題などを要因とした限界があります。

その中で参考になるのは、「イタリアンワイン＆カフェレストランサイゼリヤ」の取り組みです。

下記のような方法を使って、接触機会の削減を実現しており、小規模店舗においても導入可能な方法です。直接的に、この手法を取り入れるというのも一つの考え方ですが、店舗にあった工夫の仕方を模索するということが大切です。

①　オーダー方法を対話式から手書き方式に
従来の顧客と従業員の対話式の注文方法から、顧客が注文用紙に手書きをして、従業員に渡すという方式に変更。

②価格の端数を無くし小銭を無くす
顧客と従業員間の小銭のやり取りを減らすためにすべての商品の価格を５０円単位に変更。

（２）店内での接触機会をゼロにするためのテイクアウト等の取り組み

テイクアウトやデリバリーにより、店内飲食を減らすことによって、接触機会を減らしている飲食店は多くあります。

現在は、これまでテイクアウトやデリバリーを想定していなかった飲食店が非常時対応として、テイクアウトやデリバリーを行っていますが、テイクアウト、デリバリーを前提としたサービス展開をする飲食店が増加しています。

テレワークの普及により、都心部に出勤する人が減り、郊外の自宅で仕事、勉強をしている人が増えています。

郊外においては、自宅で仕事をしている人のテイクアウト利用が増え、コロナ前よりもランチ時間帯の売上は増加したという話も耳にします。

筆者の事務所は郊外にありますが、最初は駐車場にアウトドアテントを設置してお弁当を販売していたお店が、最近では、お弁当販売用のプレハブ店舗を設置していました。

近隣の方からは､お弁当を購入される在宅勤務の方が多いと聞いています。

大手ではマクドナルドがデリバリーの強化によって、コロナ禍において飲食店が大きく売上を減少させた２０２０年５月に前年同月比１１５％を実現しました。

デリバリーにおいては､「Ｕｂｅｒ　Ｅａｔｓ」や「出前館」などの宅配・デリバリー専門サイトへの登録が主流です。

コロナ禍以前から､デリバリー専門の飲食店というのは多くありました。デリバリー専門で業績を伸ばしていた飲食店の使っていた手法が、料理別に専門店を作るという方法です。

この手法は「ゴーストキッチン」や「ゴーストレストラン」と呼ばれています。

デリバリー専門の場合、実店舗は不要となりますので、同じ住所で複数の店舗を経営することが可能となり、同住所で「とんかつ専門店」「唐揚げ専門店」「どんぶり専門店」というような形で複数のお店を運営する形になります。「ゴーストキッチン」のメリットは、

・設備投資を小さくすることができる
・専門店化することで専門性をＰＲできる
・不人気店は簡単に撤退することができる

ということがあり、運営を開始している事業者が増加しています。

何よりも、コロナ禍という不透明な状況であり、もともと廃業率の高い傾向にある飲食店においてスピード感を持った経営ができるというのはメリットが大きいです。

なお、デリバリーについては、配達員のモラルの問題などが社会問題ともなっています。今後、一定の方向に収束していくと思われますので、状況を見極めて出店方法を検討していく必要があります。

また、デリバリー以外の手法として「キッチンカー」による販売を開始している飲食店や新規事業者も増えています。

飲食店が店舗での売上減少をカバーするためにイベント会場や商業施設等への出店をするという形だけでなく、開業資金や維持コストが少ないため、新規開業者による運営も多くなっています。

なお、店内で調理した料理をテイクアウトやデリバリーで販売する場合には、飲食店営業許可の範囲内となります。すでに営業許可を受けている飲食店の場合には、新たな許可や届出は必要ないと判断されるケースが多

いようです。細かいルールや要件は自治体によって異なるケースがあるため、事前に最寄りの保健所に確認してください。

（3）インターネットを使った新たな顧客を獲得するための取り組み

店内での接触機会の削減の取り組みは当然のことながら、テイクアウトやデリバリーも顧客は従来の商圏内となるケースがほとんどです。

飲食店でネット通販というのは意外と思われる方もおられるかもしれませんが、従来からスイーツ類などでは多くありました。

店舗経営をしていた和菓子屋がネット通販専門となったというような事例は１０年以上前からありました。お店で製造をした商品を販売するという方法だけでなく、以下のような方向の飲食店が増加中です。

・材料等をパッケージして顧客が調理を完成させる商品の販売
・製造業者と協力してパッケージ商品を販売
・材料や調味料にこだわりがある場合には、食材そのものを販売

なお、テイクアウトやデリバリーがこれまで営業をしてきた飲食店の延長戦上の事業であるのに対して、飲食店でのネット通販は、販売方法、包装、法令・許認可などが異なり、まったく別の事業として考える必要があります。

販売方法は、自社のＥＣサイト構築や大手モールへの出店が必要となります。店舗運営とは集客方法や運営方法が異なり、包装は配送にあたり、中身が漏れない工夫や雑菌が入らない真空パックなどが必要となります。また、商品表示法に乗っ取った食品表示ラベルが必要となり、商品や製造工程によって新たな保健所の許可が必要となります。

２．小売業

小売店の非接触ビジネスの展開は、ネットショップという形で非接触ビジネスの展開を進めているケースが多いですが、店内で販売しているものをインターネットで販売をするという形では、成功している事例がほとんどありません。

その理由は、明確です。従来の店舗販売であれば、地域の顧客が地域で購入できるお店として来店してくれていたのに対して、インターネット上であれば、地域というファクター抜きで購入するショップを選びます。

特に仕入れ販売の場合には、価格競争になりやすく、競争優位性を確保することができません。

また、当然のことながら、Ａｍａｚｏｎ、楽天、Ｙａｈｏｏ！などの大手ＥＣモールに出店するなど、集客に対して労力、コストの投下も必要となってきます。

お店で販売しているものをインターネットで販売するということでは成功の可能性はありません。小売店でインターネットを使ったビジネス展開で成功する可能性として２つの方向性があります。

（1）既存顧客のリピート購入手段として提供する

小売店がＥＣサイトを運営することにより、非接触ビジネスを展開するというのはわかりやすい話である一方で、非常に難易度の高いビジネス展開です。

特に仕入れ販売をしている場合には、同じ商品を扱っているＥＣサイトは多数あり、どこで購入しても同じ商品ということであれば価格競争になってしまいます。また、自社オリジナル商品などの場合には、競合は少ないかもしれませんが、認知度をあげることは非常に難しいです。

実店舗であれば、地域の人に対するＰＲ活動や店舗スタッフの接客等によって販売していた手法が、インターネット上では通用しません。
そこで、特に小規模事業者に案内しているのは、既存顧客のリピート購入や定期購入の手段としてネットショップを提供するという方向です。
既存顧客をターゲットとすることで、来店時にチラシ等のオフラインで宣伝することもできますし、顧客リストがあれば、メールやＬＩＮＥ等で告知もできます。

オンラインで注文をしてもらえることにより、来店に消極的な顧客層を逃すことなく維持することができます。
また、接客の時間等を削減できること、ネットショップの作業は接客の谷間等を活用できるというメリットがあります。
こういったメリットからインターネット経由の購入の場合には、ポイント付与や割引などを提供しているショップも少なくありません。

（2）オンラインでのカウンセリング、フィッティングを提供する
オンラインを活用して。カウンセリングやフィッティング等の顧客対応を重視していく方向性もあります。
特に、専門品など商品の選択にあたり、専門家のアドバイスを必要とする顧客が多い場合には、ＺｏｏｍやＬＩＮＥ等を使ったオンライン相談の提供が有効となります。

オーダーカーテン専門店｜カーテンファクトリーの取り組み

首都圏にてオーダーカーテン専門店であるカーテンファクトリーでは、「移動ショールーム」「オンラインコーディネート無料相談サービス」を提供しています。

「移動ショールーム」は、コロナ以前から提供していたサービスで小さいお子さんがおられ来店ができない方やネット通販では生地などがわからないという方に向けたサービスです。５００点のアイテムをセレクトとしてお客様の自宅に訪問し、その場で採寸なども提供するというサービスです。コロナ前から展開されているサービスですが、不特定の人との接触を減らすという観点からは非常に興味深い取組みです。

「オンラインコーディネート無料相談サービス」は、Ｚｏｏｍにてコーディネートの相談対応をするサービスとなり、相談後にネットショップで商品を購入するというサービスです。「オンラインコーディネート無料相談サービス」は、緊急事態宣言発出後すぐの２０２０年５月４日にサービスを開始しています。

いずれのサービスもコロナ後の社会においてもニーズが見込めます。小売店の取り組みとしては参考になる事例です。

３．教育関連（塾・予備校等）

非接触ビジネスとして成長が著しいのが教育関連です。大学受験向けに始まり、現在では小中高生、英会話を展開しているリクルートが運営している「スタディサプリ」は順調に会員数を増加されています。

社会人向けに中小企業診断士等の資格講座を展開している「スタディング」を運営するＫＩＹＯラーニング株式会社は、２０２０年７月にマザーズに上場しました。

この２社はコロナウイルスを契機としてビジネスを展開したわけではなく、従来から展開していたビジネスモデルが非接触ビジネスであり、コロナ前から順調であったビジネスがコロナ禍においてさらに成長をしています。

この事例からも非接触ビジネスは、コロナを契機として新規に開発されたものだけではなく、従来から存在していたものも多くあります。

潜在的に社会が求めていたビジネスモデルがコロナ禍によってそのニーズが急速に引き出されたと言っても良いと言えます。

また、通信環境の向上により、事業展開がしやすい環境になっていることも後押しをしています。

少し話がそれましたが、教育ビジネスにおいて通信講座というビジネスモデルは既存の強みをさらに強くすることができ、弱みをカバーすることを実現しています。

教育関係の非接触ビジネスの展開の形としては、大きく２つあります。一つは、前述の「スタディサプリ」や「スタディング」のように録画した動画を配信するスタイル。もう一つは、オンライン上でリアルな授業を配信する方法です。

（1）撮影した講義を動画配信

「スタディサプリ」や「スタディング」のように撮影した動画を配信するスタイルには、多くのメリットが存在します。

① 質の高い講義を一定の質で提供できる

教育ビジネスにおいて講義の質が強みとなります。一方で、講義の質は講師および講師の体調や、講義の雰囲気等によって質にばらつきが出るという弱みがあります。

撮影した動画配信をすることで高い質の講義を提供できるようになります。また、講義をする講師によって講義のばらつきが発生するということも防げます。

② コスト面でも弱みをカバーできる

教育ビジネスの弱みが講義の数だけ講師が必要ということです。講義あたり一定のコストが発生します。動画配信であれば、一度、撮影した動画が繰り返し配信されるため、講義ごとにコストは発生しません。

③ 集客面においても弱みをカバーできる

集客においても講義の時間が合わない生徒を集客できないという弱みがあります。動画配信は、利用者の好きな時間に配信することができるため、これまで集客できなかった生徒を集客することができます。

一方でメリットとばかりではありません。従来のリアル型の講義であれば、生徒の様子を見て進捗をコントロールすることや、生徒からの個別質問・相談に対応することができます。

通信講座では、この点が弱みとなってきます。「スタディサプリ」では、個別指導サービスの展開を始めることで対応をしようとしていますが、まだまだ難しい面を感じます。

筆者（秦）の子供に受講をさせたことがありますが、動画、テキストともに非常にわかりやすいと感じます。子供自身もわかりやすいと言っていました。

一方で、子供に自分で時間を決めて受講するようにと伝えても受講してくれません。両親などがしっかりと管理をして受講させる必要があると感じました。

（2）講義をオンライン配信する／オンライン個別指導

動画配信型のサービス提供の場合、大手資本が強いということは否めません。撮影や編集能力や広告費用など資本力が勝る方がどうしても優位になります。

従来から小規模事業者は、一斉指導よりも個別指導を強みとするケースが多いです。その強みをきちんと活かすビジネスモデルを考えることが大切です。したがって、小規模事業者は、講義をオンライン配信するという形がマッチしています。小規模事業者は大手の撮影技術や受講システムに敵わないと嘆くのではなく、ビジネスチャンスとして捉えることができます。

その最大の要因の一つは、地理的な制約が無くなるということです。質の高い講義を提供できるということであれば、地域の制約なく集客が可能となります。

また、オンラインにすることによって、講師、生徒がリアルに同じ場所にいる必要が無くなるということもあります。個別指導の家庭教師をお願いしたいが、自宅に講師に来てもらう形での学習に抵抗感を示す家庭もあります。そのような家庭にもオンライン個別指導であれば顧客となる可能性があります。

集客については、ＹｏｕＴｕｂｅで導入部となる講義配信を行い、その講義をきっかけに個別指導へと誘導するという形を取っている事業者も多くいます。

４．サロン・スクール関係

ヨガスタジオ、音楽スタジオなどのサロン、スクール関係の非接触ビジネスの展開の仕方は、基本的に教育関連と同様の形となります。

教育関連の場合には、受講者の目的が受験や学校カリキュラムに沿った教育など、どの事業者も共通していますが、サロンやスクールの場合には、共通カリキュラムというものがありませんので、競合との差別化がしやすいという点があります。

（１）オンラインでのリアルタイム配信

オンラインを利用したリアルタイム配信を活用しているサロンやスクールが増えています。

当初は、緊急事態宣言下における顧客維持のための配信が多かったですが、初回カウンセリング、セルフケアのセミナーによる新規顧客獲得など長期的な視点を持った活用が増えています。

受講者だけが店舗に来店するというオンラインドラム道場

大阪府豊中市にある「和音」は、音楽教室とフィットネスが融合したお店です。このお店は２０１８年６月に父親が営業する楽器店から代表が独立開業したお店です。

開業から約１年半が経過し、売上が順調に拡大をしていたところで新型コロナウイルスの感染拡大が発生し、２０２０年４月の緊急事態宣言下においては、音楽教室、フィットネスともに休業を余儀なくされました。その中で代表が取り組んだのが「オンラインドラム道場」です。

「和音」の中でも有力なコンテンツが【スキマスイッチのドラマーである村石雅行によるドラム道場が関西で唯一受講できるお店】ということでした。これは代表の人脈により実現していた人気のコンテンツでした。まず、こちらをオンラインで収益化ということを考えられました。音楽教室の場合、オンライン化にあたっての課題は、受講者が自宅では受講できないということです。

その理由は、自宅では楽器を演奏できない、一般的なマイクでは楽器の音をうまく拾えない、楽器によっては受講者が所有していない場合があるためです。特にドラム道場の場合には、大きな音量はもとよりドラムセットを保有しているという受講者はおりませんでした。そこで考えたのが、受講者は音楽教室に来店するが、講師はオンラインでという形式です。

２０２０年６月には楽器メーカー等に相談のうえ、音楽配信に必要な設備を整え、少人数でのオンラインドラム道場の運営を開始することができました。現在は、同様の形でのギター講座等の開講へと準備を進めておられます。

（2）動画配信によるレッスン

ＹｏｕＴｕｂｅによる動画配信をしているヨガやフィットネスが増えています。

収益は、ＹｏｕＴｕｂｅの広告収入をメインにされている場合と、ＹｏｕＴｕｂｅは営業ツールとして、オンラインサロンやリアルのサロンへの加入という形を目指しているケースがあります。

最近では見かけなくなりましたが、ＤＶＤを使った運動動画によるダイエットがブームになった時期がありました。その経験から受講側にも映像による運動ということに抵抗がないことや、ＤＶＤとは異なり、新しい動画がアップされていくことがあり、受け入れらえているようです。

オンラインをあきらめ、プライベートレッスンをメインに

オンライン配信という形には講師側にとっては、プラス面とマイナス面があります。プラス面は、時間・場所を問わずに多くの受講者を集めることができるという点です。

マイナス面は、ＹｏｕＴｕｂｅなどで配信した場合には、一部の人気チャンネルに人が集中するということです。

筆者（秦）の知人であるヨガ講師は、オンラインや動画配信という形は苦手ということや、実現したとしても人気を集めることはできないということで見切りをつけました。

プライベートレッスンをメインにすることで単価を上げ、少人数にすることによって、距離を取れる環境を実現し、マスク着用のもとレッスンをすることで売上維持と感染防止を実現しています。

これは、本書のテーマとは、正反対の事例になりますが、この環境下での生き残りの方向性の一つの形として紹介させていただきます。

商店街が全国にオンライン配信<全国オンラインまちゼミ>

まちゼミという取組みをご存じでしょうか？「得する街のゼミナール」を略して〝まちゼミ〟です。

２００３年１月に愛知県岡崎市の中心市街地にある商店街のお店が講師となり、プロならではの専門的な知識や情報、コツを無料でお客さまにお伝えするゼミが開催されました。お店を知ってもらう、信頼を築くといったことを目的とした取組みとなり、今は、全国の商店街を中心として開催されています。

筆者（秦）も大阪府豊中市の「ｍｅｅｔ－ｕｐとよなか」という団体にてまちゼミに参加をしています。「ｍｅｅｔ－ｕｐとよなか」では、２０２０年はコロナウイルス感染拡大防止という観点からリアルでの開催は難しいということで、急遽、オンラインのゼミや動画配信などを中心としたまちゼミを開催しました。

全国のまちゼミでもさまざまな取組みがなされたようですが、２０２１年は、全国オンラインまちゼミという形で共同開催をすることが検討されています。

まちゼミに参加している事業者の多くは小規模事業者が多いです。小規模事業者が互いに勉強会の開催等を通じてオンライン開催を実現しています。

自社、自店ではオンラインはハードルが高いと思われている事業者にとっては、参考となるゼミが多く開催されるのではないかと思っています。全国オンラインまちゼミは、２０２１年秋の開催予定ですので、どのようなゼミが開催されているのかを見ていただければと思います。

５．営業会社

不動産、保険、求人広告など営業を必要とするビジネスにおいても非接触ビジネスモデルへの転換が求められていくことは想像に難くありません。

特に会社や個人宅に訪問するスタイルの営業の場合には、訪問先から訪問を拒否されるケースもあります。また、テレワークが進むと会社に訪問しても担当者が出社していないということが考えられます。

従来型の訪問営業が機能しなくなる可能性が高まるため、非接触ビジネスモデルへの転換が求められます。

（1）不動産営業の場合（ＶＲ内見システム）

従来は、来店してもらい従業員とともに現地に移動し内見をして店舗に戻り、契約や鍵の授受等も店舗で行うというスタイルでした。顧客からすると、長時間の拘束が発生します。また、その結果、満足ができる物件が無かった場合には、不満だけが残るということになってきました。

オンラインでの接客と撮影動画等を組み合わせて提供する、オンラインで済ますことができる契約を増やすということを実現している企業が増えてきています。内見については、ＶＲによる内見システムが増えてきています。動画であれば、撮影者によってどこをどのような順番で撮影するかということがコントロールできる一方で、顧客からはマイナスポイントは撮影されていなかったという不満もありました。ＶＲ内見システムであれば、顧客は実際に訪問しているように物件を見ることができ、満足度を向上することができます。

（2）そのほかの営業 - オンライン商談

生命保険大手が顧客に直接会わない「オンライン営業」への取り組みを打ち出しています。最終契約までオンラインで完結できるようにした保険会社も増加中です。生命保険以外の分野でもこの流れは進んでいきます。

オンライン営業には移動時間が減ることによって対応できる顧客数が増加するというメリットがある一方で、対面に比べると顧客の反応がわかりにくいというデメリットがあります。

営業会社と一口に言っても、さまざまな業種があります。それぞれの業種にとって訪問という対面対応を継続する必要のあるプロセスと対面対応が不必要であるプロセスを切り分けて考える必要があります。

営業ツール兼教育ツールとしての動画

先日、知り合った保険会社の営業から聞いた話です。最近、個人で生命保険に関連する動画をＹｏｕＴｕｂｅにアップされています。すべての事柄について営業場面では説明ができないので、説明動画を顧客に案内をすることで、疑問点について動画を見ていただき、さらに質問があれば連絡をいただくという形で活用する一方で、後輩の教育ツールとしても活用していますとの話を聞きました。

後輩が見ることで教育となるという視点を持って動画作成することで、教育にかかる時間を減らせないかという考えでいるとのことでした。まだ、これからの取り組みとのことでしたが、ＤＸの活用というと、お客様の方向を向きがちですが、社内に向けた活用というのも一つの視点だと気づかされた話でした。

６．葬祭業

筆者（秦博雅）は、中小企業診断士であるとともに生家である浄土宗の寺院の副住職という側面もあり、実際に葬祭業において非接触でのサービス提供を行っています。オンラインでの葬儀については、経験はありませんが、法事等の日々のお勤めはＬＩＮＥ通話やＺｏｏｍ等を利用した提供をしています。

オンライン葬儀は、単に葬儀だけがオンラインで行われるのではなく、逝去の知らせの配信、キャッシュレスでの香典預かり機能、返礼品のオンライン注文など葬儀一連で必要なことがすべて提供されるサービスも出てきています。

オンラインでつながる檀信徒との関係

お寺の檀家離れということが取り上げられることがあります。檀家離れにはさまざまな要因がありますが、「遠方への引越し」「高齢施設への入居」などが要因となるケースも少なくありません。

私の生家のお寺では、コロナ以前からＳｋｙｐｅやＬＩＮＥのビデオ通話による法事等のお参りを提供してきました。遠くは、アメリカに転居された方からの依頼などもあります。

家族単位や数人程度であれば、電話の延長の形でお勤めの様子を送ることは難しくありません。お寺の本堂から配信するケースもあれば、ご自宅から遠方の親族の方へ配信するケースもあります。

昔であれば、距離の問題で仕方がないとお互いにあきらめていた関係が手元のスマートフォン１台で関係性をつなぐことができています。

7. イベントビジネス

さて、最もコロナの影響の大きかったのがイベント業です。海外では欧州などでは、「国独自の文化は大切である」と手厚く給付金で保護した国もありました。そのような中、我が国では、飲食業・観光業には手は打たれましたがイベント業には大きな施策は打たれませんでした。

「不要不急の用事以外は外出しないでください」と言われると、イベントは開催すること自体を控えざるを得なくなりました。

ただ、そのような苦しい環境だからこそさまざまなアイデアも生まれました。

例えば、フェンシング競技などはリモート観戦のみにすることによって、映像を凝ったものにするという方法がとられました。(これはフェンシング業界がコロナ禍発生前から研究していたものです)

(1) ダイナミックプライシング

これは、プロ野球の横浜ベイスターズが実験的に実施したものですが、チケットの価格変動性です。日々動く環境の中で、チケットの値うちにも上下の差があることが分かってきたからです。

これは、リアル観戦とリモート観戦でも価格に差があるということです。この価格決定の仕組みを面白いものにすることで、興味を更に引くこともできます。ただ、これは全くのジャパンオリジナルではなく、海外では既にあったものです。

しかし、問題点もあります。次項にてまとめて説明します。

(2) リアル観戦とリモート観戦の併用

リアル観戦のみだと、ソーシャルディスタンスで座席間の間隔を開ける分、収益は以前より低下します。しかし、リモート観戦との併用でそのマイナス分をカバーすることができます。

リモート観戦の場合、理屈上では集客数は無限大に入れることができます。このような、可能性が見出されましたが、このイベント業に携わる人にとって最も脅威は人口減少社会に入って行く先進国では、そのような対策をとってもペイラインまで行くのかということです。

コンテンツの深いものや知名度が世界的に通用するものは、今後、大きな収益を上げていくでしょう。

少数の勝者と大多数の敗者が分れていく状況が予想されます。

楽しさをライブ配信で伝える

このコロナ禍において、舞台でライブパフォーマンスをするいわゆる演者の方のさまざまな努力には頭が下がるものがあります。

その中でもＦａｃｅｂｏｏｋなどでライブ配信することによって、今までお客さんとして行ったことがなかった人にも何かを感じさせることができます。これを機に新たなファンを広げることに成功している人もいます。これも、ライブ＋リモート配信により、現場での熱を伝えることができるという思わぬ副次効果なのかもしれません。

そして、ライブ配信が気軽にできるネットツールが増えたのも好機です。

関西京阪神のライブハウスで人気の女性朗読家の「ひふみようこ」さんは、この動画発信に加えて、フェイスブックメッセンジャーでファンとの会話を日々、心を込めて実践しておられます。

８．士業など

筆者（秦）は中小企業診断士ですが、さまざまな士業がコロナ禍において営業手法を変えています。士業と一口に言っても、弁護士、税理士、司法書士、社会保険労務士、行政書士、中小企業診断士などさまざまな士業があります。

従来の士業の営業スタイルは、紹介やセミナー開催などリアルを重視した形が多かったです。

（１）オンラインセミナー

コロナウイルスの感染拡大において、すぐに多くのセミナー講師が取り組んだのがＺｏｏｍなどを使ったオンラインセミナーです。

現状においては、セミナー自体をオンラインで開催することには講師、受講者ともに抵抗感がなくなりました。

一方で、従来のようにセミナーを通じて人間関係を築き仕事につなげていくというステップには、課題を持っている人が多いようです。

セミナーを通じてメルマガやＳＴＥＰメールへの登録を促し、将来的な仕事につなげていくというスタイルも増えているようです。

（２）ＹｏｕＴｕｂｅによる動画配信

コロナ禍によって一気に広まったのがＹｏｕＴｕｂｅによる動画配信です。セミナー開催などができなくなったことや、給付金、補助金、助成金情報に関するニーズが増加したことからＹｏｕＴｕｂｅでの動画配信をし始めている士業が増えています。

ＹｏｕＴｕｂｅで収益をあげるという形を目指した場合には、チャンネル登録数と視聴回数を稼がないといけません。しかし、ターゲットが絞られたテーマでは収益をあげるほどの視聴回数を得ることは難しいです。

しかし、ＹｏｕＴｕｂｅを自社サービスの集客と考えた場合には、ハードルは大きく下がります。視聴回数が１回であっても、その視聴がきっかけで問合せが入ればビジネスとしては成功です。ＹｏｕＴｕｂｅにアップされている動画はインターネット検索の上位に上がりやすいという傾向もあり、当面は有効な手法として機能しそうです。

▼中小企業診断士ＹｏｕＴｕｂｅｒ ＨＩＲＯ
私のＹｏｕＴｕｂｅページです。補助金関連情報、起業、経営のポイント、中小企業診断士試験のポイントに関する動画を配信しています。

よろしければチャンネル登録してください。

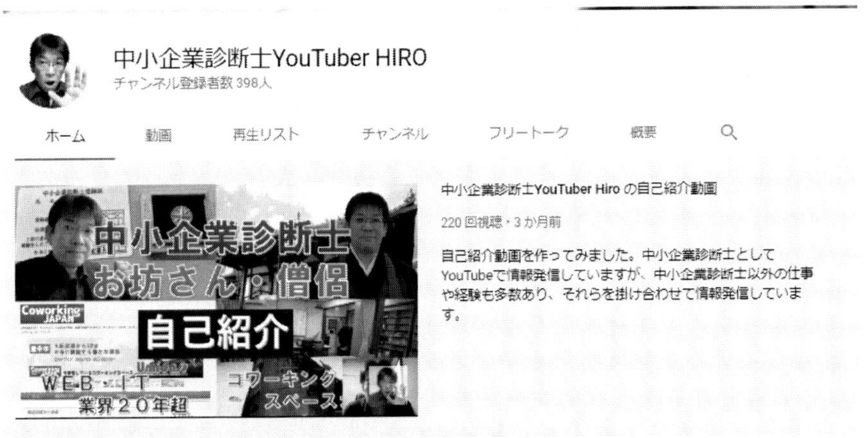

９．コワーキングスペース

コワーキングスペースとは、日本では２０１１年ごろから広がっている、仕事や勉強に使えるスペースです。もともとはフリーランスの方の協働オフィスのような形からスタートし、コロナ禍においては、テレワークの方の利用も増加しています。

「非接触ビジネス推進マニュアル」のような書籍にてコワーキングスペースが紹介されるケースは少ないです。ここで取り上げたのは、筆者（秦）がコワーキングスペースを運営しており、オンラインコワーキングスペースが実現していく様をリアルタイムで見ていたという経験があるからです。また同様のサービスであるコワケーションが注目されているという背景もあります。

コワーキングスペースには、大きく２つの要素があります。１つは、仕事や勉強をするための物理的な「場」です。もう１つの要素は「コミュニティ」です。

コロナ禍においてリアルでの利用ができなくなったために誕生したのが「みんなのバーチャルコワーキングジャパン（みんコワ）」です。

▼みんなのバーチャルコワーキングジャパン
https://mincowa.com/

オンラインカンファレンスを開催するためのツールである「Ｒｅｍｏ」によってサービスが実現しています。従来のコワーキングスペースのようにオンライン上にテーブルがあり、利用者は好きな席に座って利用することができます。

従来のコワーキングスペースにより優れている点は、テーブルごとにテーマ設定ができることです。黙々と仕事をする人、○○のテーマについて話をしたい人というような形でテーマ設定ができます。従来のコワーキングスペースでは、誰が何をしているのかわからない、何に興味を持っているかわからないということがありましたので、コワーキングスペースの「コミュニティ」という本質が強化されたサービスになっています。

テーブル単位で会話ができるツール「Ｒｅｍｏ」

「Ｚｏｏｍ」は既に多くの方がご存知かと思います。実際に利用したことのある方も多いと思います。「Ｚｏｏｍ」での飲み会なども増えていますが、大人数になると会話がしにくい、ブレイクアウトセッションを活用しても自由にセッション間を移動しにくいということを感じたことのある方は少なくないと思います。

「Ｒｅｍｏ」は、テーブル単位に着席ができるＴＶ会議ツールです。結婚式をイメージしていただくと良いと思います。全体では大勢の人が集まっているけども席単位で会話ができるという形になっています。また、居酒屋のようにテーブル間を自由に移動できます。

月額料金が必要なサービスではありますが、他のＴＶ会議システムは一風違った利用ができます。

今後も新しいＴＶ会議システム、類似システムがリリースされていくことが予想されます。無理だと思っていたサービス提供の形も実現できるサービスがあるかもしれません。

１０．伝統工芸・伝統技術

この職種ゾーンは一見、非接触ビジネスとは無縁のように感じられますが、実際にはコロナ禍の影響を受けています。また、コロナ禍とは別にマーケットの縮小という問題を抱えています。そのため、お客様からのリクエスト対応や工程を自動化していかないと、ビジネスが成立しない状況にあります。

加えて、後継者対策や外注対策の問題もあります。旧態依然のやり方では、次代の働き手が来ない、また、専門的工程を預かる小規模事業者が高齢化で廃業していくという流れが起こっています。

伝統工芸の場合、工程の全てを合理化していくことはできません。それは、職人が技術を施す場面にこそ価値があり、そこには見せる要素もあるからです。

では、どうするのかと言うと、付加価値の高い工程とそうでないバックヤード工程との振り分けです。メインになる工程は、ギャラリー化や教室展開へ持っていけます。

では、対お客様についてはどうでしょうか?

従来は、お客様の１品ごとのオーダーを応えるということでした。しかし、これも、でき上がりのイメージをセレクト方式にすることで非接触でのオーダーを可能にするなど、工夫の余地はあります。
その面では、お客様には変化に対して抵抗感がなくなってきています。

また、伝統工芸・伝統技術にはお客様に対してそれだけのブランド力があります。

洒落たイメージを醸し出す椅子リペア業　ｉｂｕｋｉ

（リペアとは補修です）。

この業種では、補修ですので厳密に言えば伝統技術ではありません。

しかし、この事業主はサイトでうまく伝統技術感を醸し出しています。

これにより、まず、優秀な若手の女性を多く採用することができました。

補修工程管理もネット注文を主体に、張り替え生地などを、セレクト方式にしています。注文を受けるとすぐに事業主がパターン化された工程を組みます。それが、各職人のやるべき仕事としてタブレットに反映される形になっています。

副次効果として、セレクト方式にすることにより、顧客に金額を明示できるようになりました。

非接触スキームで誘導する漢方専門薬店　漢方錦　石蔵友紅子さん

京都の中心部、寺町にある漢方薬専門店です。京都のこの辺りは古い店が多く一見ＩＴとは無縁に見えますが、漢方錦は違います。そのアンバランスさが逆に事業展開の面白さを醸し出しています。

ネットスキームの開発を以前より志向してきたため、コロナ禍でお客さんが来店できなくなっても事業サイクルを回すことに困らなかったと言います。

漢方薬だけでなく、「リモートによるコーチング」も商品として力を入れておられます。

信頼してもらえるようにネットでのブランディングにも配慮されています。

当事業所では、サイトの開発というステージは既に通り越して、自社のネットスキームの階段をスムーズに上ってもらうためのアプリ開発をしています。

第3部
事業再構築補助金の研究

第３部の読み方

まず、事業再構築補助金という新しい補助金における競争環境を甘く見ないでください。

ちまた（ネット）にはすぐにでも６，０００万がもらえるような言い方のコンサルタントのキャッチコピーがあふれています。

不景気になるとそのような宣伝につられて代行をお願いしてしまう人が多くなるということがあります。

自分の中で、他社は戦略構築にどれ程努力しているかという相対評価を入れていください。

その勉強のためにも、第２部にて先行している事業所の事例を挙げたのです。短期間に、非接触ビジネスとこの補助金主旨の勉強→自社事業展開を頭の中でシミュレーション→実践（マーケティング）を繰り返してください。毎日、考え続ければ、確実に前進していきます。

１．事業再構築補助金ができた背景

この補助金が生まれた背景には分かりやすい背景があります。

主な理由は２つです。コロナ対策と流通業向けのメジャーな補助金開設です！

（1）コロナ対策として、成功する事業モデル化が必要

当然ながら、コロナで経営維持が危機に瀕している中小企業を支援しようという流れがあります。

一つには、支援的な側面があります。そして、もう一つ忘れてはならない側面は、こうすればうまくいくというモデル化です。

ここで、モデル化として、世間に自社のノウハウを知らせてしまってもいいのか？という問題が出てきます。

これについては、事業計画書の書き方のポイントで詳述します。

補助金の支出の範囲は１００万円から中小企業でも６，０００万円となっています。

これが何を示しているかというと、「小規模事業所から、中堅企業までのモデル集を作ります」という意味です。

全体での予算枠があって、その枠を消化するために、６，０００万円に近い大きなプランから採択していくのではないかという風に見られがちですが、そんなことはありません。

あくまで採択基準は「良きモデルになるか」です。良いモデルであれば、小規模事業所からもモデル採択しようという力も働きます。

例えば、私の事業所は、２０２０年に持続化補助金公募で、ほとんどの人が１００万円の補助金上限で申請する中、補助金支出条件の最低額で申請して採択を受けています。

このモデル化を狙うという目的性において既に矛盾があります。

持続化補助金で見てみましょう。それは、皆考えることが同じで、モデル化になっていないということです。

持続化補助金では、ほとんどの申請がありふれたリモート対策やテイクアウト対策でした。

どのような現象が出るのか具体的に言いましょう。

経済産業省がリーフレットで出している事例の類似プランになってしまうということです。

この対策も後のポイントで解説します。

（２）流通業向けのメジャーな補助金がなかった

経済産業省の補助金には、ステップがあります。(既刊、「補助金・助成金の新理論」に詳しく書いています)

ファーストステップは持続化補助金です。

２０２０年には、コロナ型で多くの事業所が補助金に初挑戦し、その際に、商工会議所・商工会にその書き方を学びに来られました。中小企業施策とは第一段階としてこのようなものなのかと理解されたという面では意味があったと思います。

そのファーストステップをクリアした先に

・１，０００万円ゾーンの投資のものづくり補助金

・中小企業連携を組む、あるいは、大学との連携を組んで、３年で開発を担う戦略的基盤技術高度化支援事業（サポイン事業）いう段階が組まれています。（１１５Ｐ参照）

ここで、スキームの課題ができました。

それは、ものづくり補助金が、全業種に門戸開放をしているものの、明らかに製造業向けであったということです。

これは、国の本音としていわゆる重設備の設備投資額の呼び水として設けられた施策です。当事務所の試算では国の設備投資額の４分の１程度がこの補助金による支出であるとの結果が出ています。

そこで、製造業周りの業種から申請すると、その投資内容がシステム経費等のソフト経費寄りになってきます。

ものづくり補助金は２０１４年にサービス業まで門戸が広げられました。多くの事業者がものづくり補助金へ挑戦しました。結果は、一部の経営革新法認定先以外は無残な採択結果に終わり、現在では申請行為からはほぼサービス業周辺業種は、撤退しています。

その後にサービス業向けにものづくり補助金に類似した補助金が作られましたが、メジャーにはなりませんでした。

では、今回の事業再構築補助金は製造業以外の業種は、申し込んでいいのか？

申し込み可能です。

政府発行のリーフレットにも製造業以外に豊富な事例が書かれています。

先程、登場した経営革新法認定先とはどのようなものでしょうか？これについては、後ほど解説します。

２．概要

①対象

新分野展開や業態転換、事業・業種転換等の取組、事業再編又はこれらの取組を通じた規模の拡大等を目指す、以下の要件をすべて満たす企業・団体等の新たな挑戦を支援する。

②申請する時要所の条件

１．申請前の直近６か月間のうち、任意の３か月の合計売上高が、コロナ以前の同３か月の合計売上高と比較して１０％以上減少している中小企業等。２０１８年との比較でもかまいません。

２．事業計画を認定経営革新等支援機関や金融機関と策定し、一体となって事業再構築に取り組む中小企業等。

３．補助事業終了後３～５年で付加価値額の年率平均3.0%(一部5.0%)以上増加、又は従業員一人当たり付加価値額の年率平均 3.0%(一部5.0%)以上増加の達成。経営革新法申請の条件と同じ

４．経営革新支援認定機関の確認書が必要です。補助金額３，０００万円を超える場合は金融機関であることが必要です。

③申請枠

・中小企業

通常枠 補助額 100 万円～6,000 万円 補助率 ２／３

卒業枠 補助額 6,000 万円超～１億円 補助率 ２／３

緊急事態宣言枠　【従業員数 5 人以下】 100 万円 ～ 500 万円

【従業員数６～20 人】 100 万円 ～ 1,000 万円

【従業員数 21 人以上】 100 万円 ～ 1,500 万円　３／４

*卒業枠については、400 社限定。事業計画期間内に、①組織再編、②新規設備投資、③グローバル展開のいずれかにより、資本金又は従業員を増やし、中小企業から中堅企業へ成長する事業者向けの特別枠。

※中小企業の範囲については、中小企業基本法と同様。
　通常枠 補助額 100 万円～8,000 万円
　補助率　１／２（4,000 万円超は１／３）

卒業枠とは事業再構築を通じて、資本金又は従業員を増やし、３年～５年の事業計画期間内に中小企業者等から中堅・大企業等へ成長する中小企業者等が行う事業再構築
　緊急事態宣言枠とは、令和３年の国による緊急事態宣言発令により深刻な影響を受け、早期に事業再構築が必要な飲食サービス業、宿泊業等を営む中小企業等に対する支援。

・中堅企業
　通常枠 補助額 100 万円～8,000 万円 補助率　１／２(4,000 万超は1/3)
　卒業枠 補助額 6,000 万円超～１億円 補助率　２／３
　緊急事態宣言枠　【従業員数 5 人以下】 100 万円 ～ 500 万円
　【従業員数６～20 人】 100 万円 ～ 1,000 万円
　【従業員数 21 人以上】 100 万円 ～ 1,500 万円　２／３
　グローバルＶ字回復枠　補助額 8,000 万円超～１億円 補助率　１／２
グローバルＶ字回復枠については、100 社限定。以下の要件を全て満たす中堅企業向けの特別枠。
①直前６か月間のうち任意の３か月の合計売上高がコロナ以前の同３か月の合計売上高と比較して、15%以上減少している中堅企業。
②補助事業終了後３～５年で付加価値額又は従業員一人当たり付加価値額の年率 5.0%以上増加を達成すること。
③グローバル展開を果たす事業であること。

中堅企業とは、
・資本金の額又は出資の総額が１０億円未満の法人であること
・資本金の額又は出資の総額が定められていない場合は従業員数が2,000人未満であること
ただし、中小企業は除く

補助金経費支出可能費目
建物費、機械装置、システム構築費（リース料含む）、外技導入費、専門家経費、運搬費、クラウドサービス利用費、外注費、知的財産権等関連経費、広告宣伝費・販売促進費、研修費、海外旅費

３．指針からの抜粋

新分野展開の該当要件
本事業の対象となる新分野展開とは、次のいずれにも該当する場合をいう。
（１）　事業を行う中小企業等にとって、事業により製造する製品又は提供する商品若しくはサービスが、新規性を有するものであること。
（２）事業を行う中小企業等にとって、事業により製造する製品又は提供する商品若しくはサービスの属する市場が、新規性を有するものであること。
（３）事業計画期間終了後、新たに製造する製品又は新たに提供する商品若しくはサービスの売上高が、総売上高の十分の一以上を占めることが見込まれるものであること。

新分野展開の非該当例
例えば、「提供量を増大」「過去に製造していたもの」「容易な改変」「既存の製品又は既存の商品若しくはサービスを単に組み合わせ」

事業転換の定義
中小企業等が新たな製品等を製造等することにより、主たる業種を変更することなく、主たる事業を変更すること

業種転換の定義
中小企業等が新たな製品を製造することにより、主たる業種を変更すること

業態転換の定義
製品等の製造方法等を相当程度変更すること

事業再編の定義
事業再編に該当するためには（事業計画で示す事項）会社法上の組織再編行為（合併、会社分割、株式交換、株式移転、事業譲渡）等を行い、新たな事業形態のもとに、新分野展開、事業転換、業種転換又は業態転換のいずれかを行うこと

事業転換・業種転換・業態転換・事業再編もプランに新規性が必要とされますが、その内容は、新分野進出での新規性の解説と重なります。

４．指針からの分析

（1）事業分類の考え方
まず、やることありきでプランの骨子を考えてください。
そこには新規性が必要です。
そして、そのプランにおいて
①製品・商品・サービスに新規性がある場合→新分野進出②主たる事業が変わる場合→事業転換

③主たる業種が変わる場合→業種転換
④製品・商品・サービスの製造・提供のプロセスが変わる場合→業態改善
⑤会社の組織形態が変わる場合（合併、会社分割、株式交換、株式移転、事業譲渡）→事業再編
としてください。
この際、多くのケースで
・①新分野進出あるいは④業態転換の選択
　と
・②事業転換③業種転換⑤事業再編が「重複出来る選択」になることが想像されます。

この場合､①新分野進出④業態転換が内容だけの勝負になるのに対して、②事業転換③業種転換⑤事業再編は、分かりやすい形式の変更の予定を伴いますので、この②事業転換③業種転換⑤事業再編を選択した方がベターと思われます。これは、あくまで、想定です。

②事業転換③業種転換⑤事業再編の場合もプランに新規性が必要なことを忘れないでください。

（２）新規性の見方

製造業系の人は技術において新分野進出を視野に入れて考えられるでしょう。しかし、この指針を読むと何が新規性なのかと悩まれるのではないかと思います。

また、審査員がいかに新規性合致の可否判断をするのかと疑問に思われるかもしれません。ここは、私の持論ですが、経営革新法の主旨にあっていれば良いのではないかと思います。

経営革新法のポイントは
＊業界で初めてという新規性がある
＊地域（一応、地方自治体レベル）で初めてという新規性がある
という２つです。

そこで、こういうキャリアできた中小企業がこういうことに挑戦するという合わせ技で持って行くという形です。

経営革新法の申請のタイプはほとんどこれです。

逆に言うと、その開発する技術・サービスだけで捉えると、全く初めてというフィルターからは外れるということです。

この業界初というところを純粋に狭く捉えると、特許申請出来る技術以外は当てはまらなくなってしまいます。

経営革新法については最終項に参考資料を載せていますので、その主旨と実際の運用法を理解してください。

また、忘れてはならないのはその新規性の要素に今回は非接触用を加えないといけないということです。

（3）新たな事業の売り上げ比率に対する見方

申請条件として、新分野展開、業態転換は新事業の売り上げ計画が１０％以上、事業転換・業種転換については、売上構成比率で最も高い比率を目指さないといけません。（事業再編については、その他事業再編要件として、上記の該当するタイプに合わせること）。

この比率については計画段階ではいかようにもプランニング出来るでしょう。補助事業実行後に、いかにチェックして行くのかは現段階では明らかではありません。申請時には計画段階での数字の説得性が必要です。

なぜ、これだけ新分野で伸びるのかのロジックをしっかり書きこむことです。

（４）指針と採択ゾーンの関係

ここで、内容のレベルと採択のゾーンを表にして示します。

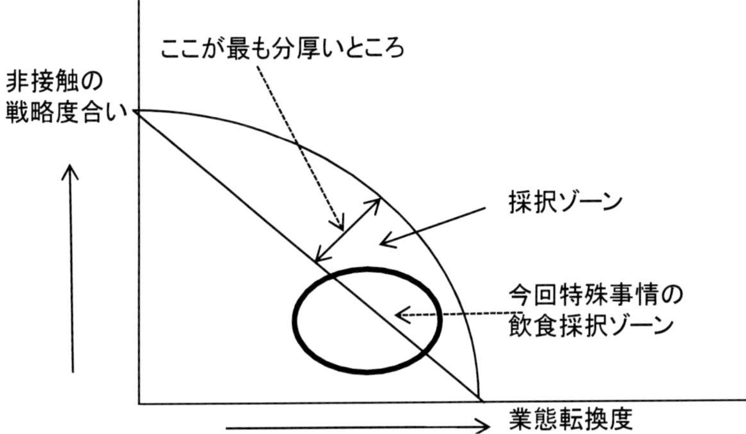

縦軸が、プランにおける戦略のレベルです。今回、その戦略性で求められるのは非接触ビジネスの戦略です。

横軸が、業種・業態の転換度です。（これだけでいいと言う人がいますが、私は戦略性も必要と思っています。理由は以下に説明しています）。

この２つのファクターで審査されるというのが私の見通しです。

この図で行きますと「戦略性」と「転換度合い」がバランスよく、加味されているプランが最も採択件数が多くなるボリュームゾーンと考えます。

しかし、今回は先にうたわれているように特殊事情があります。

それは、コロナ禍で被害を受けている飲食業の救済という色合いがあるからです。

そこで、今回採択の飲食業ゾーンを表しましたが、「戦略性」の要素が全くなくても良いとは言えません。

分かりやすく言いますと「居酒屋→焼き肉店」のプランで、理由は「席の上にダストをつけるので、空気が常に清浄される」というだけでは、薄過ぎると思うのです。

よって今回は採択のボリュームゾーンが２つある形になりますので、自社が飲食業か、それ以外かで、頭を整理してから臨むべきです。

本書の構成として縦軸の非接触の戦略については第１部の非接触ビジネスを進める経営戦略で、横軸の業態転換度については、第２部の非接触ビジネス推進マニュアル【業種別編】で、転換のヒントが学べるようになっています。

（５）公募回について

最も多い質問は、（複数回の公募がある場合）「どの回に出すのがよいのか」という質問です。公募回数は複数設けると告知されました。

私の見立ては早い方が良いというものです。

理由は業種転換の類型化において、採択類型を先に抑えられると、２回目以降は、真似になってしまうからです。

また、先に申請する方が申請意欲という面から見ても採択の可能性が、高いと見られます。

５．まとめ　採択のポイント

ちまたでは、予算額が大きいので、プランの内容の深さよりも、申請額の大きいものからほぼ無条件に近い状態で採択されていくという予想をする人がいます。

（こういう予想者はコンサルタントでも意外と多くいます）

そんなことは絶対ありません。理由を説明します。

補助金には資産としての譲渡の禁止という法則があるのです。

設備費や改装費など、資産となるようなものに補助金は出ているじゃないか？ご指摘はその通りです。

しかし、補助金の基本原理は、革新的なプランを採択して、それを実行するための資金を補助することです。

結果的に同じに見えるかもしれませんが、この建前を知っていて申請書を書くかどうかで表現は大きく変わります。

この考えをベースに採択のポイントを３つ説明します。

（1）モデル性がある（革新的）

当然ながらそのモデル性として味付けすべきことは「非接触ビジネス」です。これは前項で出てきた新規性という用語に託されています。

そのモデル性には今回、非接触化が入っていないといけません。

業態転換に意識が行きすぎて、それを忘れているプランが散見されます。

（2）事業の広がりがある

なぜ、これが重要なのか？（コロナ禍でリストラされた人までを含めて）雇用の受け皿となって欲しいという意味合いがあるのです。

事業計画書での従業員数・人件費の増加などがしっかり整合性のある形で計画できているかがポイントとなります。

（3）数字のロジックがしっかりしている

はっきり言いまして、この事業計画の数字のところでしっかりと考えているかどうかは一目瞭然となります。

少なくとも私は分かります。（審査員ではありませんが）

この数字はどうだからどう変化するという説明を加えるべきです。

基本的精神は経営革新法です。１１４Ｐより説明しています。

この３要件が揃って始めて採択と考えてください。１つも欠けたらだめです。

６．取り組む時の課題

（1）モデル化してプランを示して盗まれないか？

これについては、皮肉な言い方にも聞こえるかもしれませんが、「今直ぐ真似ができるようなプランにはノウハウはない」というものです。

また、ノウハウとはプランを実行していく上で出てくる課題をクリアしていく過程で掴むことがノウハウですので、先に掴むことで先行メリットもあります。

また、申請書アドバイスのところで過去のキャリアとの整合性をアピールせよということを説明します。そこで、そのプロセスが明確ならば他社には真似ができないとも言えます。

（2）何を補助金経費に充てるのか

これが、厄介な問題です。

ここまでの文脈により、製造業で、明らかに投資する設備投資（設備費）が決まっているという事業所は、この際省略します。

今、製造業も含めて「持たざる経営」をしている事業所の方が強いので設備投資は慎重に考えてください。事業のコアな部分以外は他社にアウトソーシング、ファブレス経営をする方が費用対効果で強いのです。

ここで、対象経費を見てみましょう。

対象経費

建物費、機械装置、システム構築費（リース料含む）、外技導入費、専門家経費、運搬費、クラウドサービス利用費、外注費、知的財産権等関連経費、広告宣伝費・販売促進費、研修費、海外旅費

少し、投資項目についてアイデアを出します。

研修費・・・新しい試みをしようと思えば、スタッフを派遣して教育する必要があります。

技術導入費・・・これも同様に専門家の指導を受けることが必要になります。

広告宣伝費・販売促進費・・・新たな展開をして、それが認知されるまでには、時間がかかりますので、その時間を買うという発想で広告宣伝費・販売促進費をかけるという考えがあります。

そして、発想を転換するならば、この事業再構築補助金の採択を受けること自体が宣伝になるということです。

これは、補助金の最低支出ラインでも出してみる価値はあると言った所以です。

（3）卒業型で中堅企業を目指すのはいいことなのか

これは、難しい問題で、私としてもどうしなさいという結論の出ていない問題です。

卒業型とは、中小企業から出発して中堅企業へと卒業することを目指すというプランです。

規模的な拡大を目指すことはいいことなのかという疑問です。

中堅規模級の組織の中小企業は現在ではレアケースになってきています。

それは、管理コストが発生して経営効率が悪いからです。先程書いた資産を持たざる経営の方が強いということにもつながります。

この形を作った経済産業省の思いは分かります。それは、成長する事業所で雇用を吸収して欲しいということです。

しかし、現状では、組織的にはそのような拡大方法はとりません。ＦＣや、Ｍ＆Ａという形を取るからです。（ＦＣ化が補助金理念に合わないというのは再度、詳述します）

逆に言えば、それ程に単純規模拡大は、時間的にも、資金的にも現実的ではない時代なのです。

究極この世の中の組織は大企業と、個性を持った小規模な事業所に２極化して行くと私は思っています。

卒業型の課題に戻りましょう。

計画最終年度で、規模的に中堅企業にいかなかった場合にペナルティーはあるのかは明示されていませんが､多分ないのではないかと思われます。

上場企業を目指すという気持ちならば、規模的に中堅企業は通り越さないといけないゾーンです。

７．事業計画書作成の７つのポイント

①新分野進出ではなく転換！過去の強みを生かせ

まず、事業再構築は新分野進出ではありません。

経済産業省の過去施策で言いますと、この新分野進出は漏れなく失敗しました。なぜでしょうか？それは過去にやってきたこととのシナジー（相乗）効果が生まれないからです。新分野には新分野の競合業者がいます。

ＳＷＯＴ分析というのがあります。

強みは「生かせ」、弱みは「補強せよ」、機会は「活用せよ」、脅威は「避けよ」あるいは「予防せよ」が基本戦略です。

この考えに沿っているのが経営革新という考えです。（後述します）

ほとんどの申請で、このような過去キャリアとプランとの因果が書かれていません。そういうプランは薄く感じられるということです。

それはまた、他社申請を差別化できないということにもつながり、漏れなく不採択となるでしょう。

ここで、自社強みについてはできるだけ第３者認証で証明したいものです。自社で強みを言うならば何とでも言えるからです。

賞や認定制度取得などは遠慮なく書いてアピールしてください。

②実行体制は具体的に、そこでシミュレーション力が問われる！

申請書は、「項目ごとにできるだけ完結に」を心掛けますが、この実行体制のみは詳細を書きます。これが、実現可能性の評価につながります。

かなりのシミュレーション力を要します。どれほど考えたのかは審査員に一目瞭然となります。

検討する項目を示します。

・プランのマーケティング

これは、今後の取組内容ではなく、基本的には先にやっておくことです。

かつて、経済産業省施策では創造法（中小企業の創造的事業活動の促進に関する臨時措置法）という法律があり、特許等と補助金がリンクしていた時代がありました。しかし、そこで出た結論は特異性のあるものを作っても売れなければ企業は潰れてしまうという単純なものでした。

マーケティングの手法については種々ありますが、本書を読んでいる読者層をイメージすると一定レベル以上の方でしょうから、ここでは省略します。

・プランの法的適合性の検討

これは、ほとんどの申請書で抜けています。近年では特別法が多くできていて、時にこのプランは法的に大丈夫なのか？と思われるものがあります。そこで、既にチェックしたものでも、これから検討するというものであっても書かれていると審査員は安心します。

・実施体制

これについては、書けているケースもありますが、逆に、資金の関係は銀行、経理の関係は顧問税理士等当たり前のことをスペースとって書いてあるケースが散見されます。審査員は、プランをブレイクダウンした際に実務を担う責任者が決まっているのかが知りたいのです。

・実施スケジュール（特にテスト体制が重要）

補助事業期間を意識して前倒しの計画が望まれます。

上記の実施体制の組織とリンクさせた表現がベターです。

新たなプランのテストについては、申請書に書いていないケースでもほとんどの企業が真面目にやっています。

それが書けないのは申請書を書くときに、そのプランのランニングを真剣に考えていないということにもなりかねません。

・資金計画

これは、申請書内にも数字を埋める表がありますが、期間中に金融機関に借り入れする必要のある企業は説明しておきましょう。

・ランニング後の目標とその推進体制

これは、前述のマーケティングした結果と整合しないといけません。

具体的に言いますと、冒頭のマーケティング試算で算出した数値に対して、自社の獲得目標が１００％に近すぎると競合を全く考慮してないことになります。

この目標として書いた数値が達成しなくてもペナルティーはありません。

・検討事項

あえて検討事項としてリスクも書くこと

・「両面表示」という心理学の用語があります。

人は、アピールポイントだけではなくリスクも説明してもらった方が安心します。その安心で評価は高まります。逆に言うとアピールだけではいかがわしく感じてしまうのです。

そこで、これが申請書上の差別化の最大のポイントです。

それには、補助事業期間中に事業再構築において起きる課題を書いて分析しておくことです。

その課題は、そこで解決されていなくても結構です。

本来補助金とは、その課題を補助事業期間中に解決して、ノウハウを得るということに価値があるのです。そのために補助金を出すと言ってもいいかもしれません。

先に言っておきます。この項は真剣に、将来の姿を想像しないと書き込めません。

③その補助金支出がなぜ必要なのかのロジックを！

持続化補助金申請書でも、やりたいことと補助金支出明細との関連性を明記してあるものはほとんどありませんでした。

最後の補助金支出明細と合わせて読めば分かると思いますが、そこを丁寧に記述することが丁寧な申請書というものです。

踏み込んで言うならば「プランの足りないものがうまくバランスをとって補助金の予算配分に化けている」というのが、美しい補助金申請です。

補助金については事業費と間接費という考えがあります。

これは、補助事業に直接関係するものが事業費で、間接的に寄与するものが間接費です。比率で言うならば、事業費：間接費が７：３以上の比率でなければいけません。間接費ばかりの補助金申請も見受けられます。

④付加価値向上ラインのロジックを示せ〜経営革新法の理解の必要性〜

付加価値とは

営業利益＋減価償却費＋人件費

で、これが計画年１年につき３％の伸びが条件付けられています。

最終年度に、計画年数×３％で帳尻を合わせれば、申請可能です。

付加価値成長ラインとして、年を経るほど加速度がつく形を想定しているからです。

これは、経営革新法認定の条件と一致します。

ここで、経営革新法の認定を先に受けていますと言うのが、効いてくるのです。審査員は審査の際に何かのお墨付きに頼る傾向があります。

多くの事業所はこの数字の解説をしないで、事業計画書に数字のつじつま合わせをしてくるだけでしょう。

<u>そこで申請条件である付加価値額の年３％の伸びを申請書上で読む人が納得いくように書いてください。</u>

それには、かなりの能力が要ります。

もうひとつ方法があります。それは、事業再構築補助金を申請する前に、経営革新法の認定を受けておくことです。

実際、ちまたでは、今回は、経営革新法認定企業の中での争いになるのではないかとも言われています。

これは、加点度合いがどうだという話ではありません。

・過去キャリアとの整合性

・プランの具体的な実行の体制

・プラン実行で付加価値が向上できるロジック

のない申請内容であったら何の差別化もできない申請書になる危険性があるからです。

多分プランそのものは、経済産業省が掲示したリーフレットの事例に合わせてくるでしょう。

しかし、経営革新法申請にも行政担当者をいかに納得させるかという手間が要ります。どこで苦労するかという問題でもあります。

次の項に、経営革新法の考え方の解説を載せておきます。

⑤モデル化を示せ、しかし、ノウハウは盗まれるな

まず、前述したようにしっかりとしたノウハウのあるプランは公開されても真似できるものではありません。

いや、言い方を変えましょう。真似できてもうまくランニングできるものではありません。

また、ポイント１で示したように過去のキャリアの強みを生かしたプランであることが歴然ならば、違う歴史の他社は真似しにくいことになります。そのためにポイント１を説明してきたという側面もあります。

ただし、近いところまで行くケースはあるかもしれません。

では、隠すべきは何でしょうか？

それは、こういうケースがあり、このように対処するというノウハウ部分です。

この補助金の目的がモデル化であるという背景から、ある程度のプランの公開を求められます。それは、宣伝と割り切りましょう。

私のコンサル経験から行っても取材拒否などのスタンスで大きく伸びたところはありません。それ程のノウハウではなかったということです。

公募要項にＦＣ化を目指すのは、可と書いてありますが補助金経費支出で、ＦＣ加盟料は不可と書いてあります。今回、主催者として、ＦＣ展開可能となったのは審査のポイントのところで説明した通り、「事業に広がり」が求められているということです。

フランチャイジーとして、ＦＣ加盟すること自体については不可とはなっていませんが、ＦＣに加入して、指導を受けて展開する計画は採択にはならないと思われます。

それは、補助金の基本理念から外れるからです。

フランチャイジーが資金的に足りない時に支援するのは国ではなくて、そのＦＣであるという考えになってしまうのです。

それが、単独企業であるから国は支援するのです。

最後にベンチマーキング（模倣行為）を予防する対策としてビジネスのやり方を権利化してしまうビジネスモデル特許申請ということもありえます。

この分野に関してはまだまだ、未開の分野でありますが、研究して行く価値はあります。

⑥ユーザーベネフィット視点を入れよ！

この顧客ベネフィット視点というのは、書く個所はどこでも結構です。通常、

・冒頭のプランの要約を書くところ

・最後に効果を総括して書くところ（をつくる）

に入れてアピールします。

この顧客ベネフィット視点というのは、実は簡単に書けます。

書いていることの視点をひっくり返すだけでいいからです。

例えば、

・製造過程の効率化でコストを下げることができる

ならば

・顧客は今までより安価で購入することができる

ということになります。

今までは、

・経営持続化補助金は経営持続が第一義

・ものづくり補助金は、新たなものづくり開発が第一義

ということで、この顧客のベネフィット視点が書かれていなくてもそれで補助金が不採択になることはありませんでした。

今回の制度発足経緯が今コロナ禍で困っている流通業にあてたものですので、この顧客視点が重視されます。

また、自社の経営都合だけではなく、顧客視点を入れた方が、余裕を持って書いた申請書と感じられるのは理解できるでしょう。

もう１点、このポイントが重視される理由として、申請書で、「ＤＸ化を図る」という言葉を入れた場合、このＤＸ（デジタルトランスフォーメーション）という言葉の中に、「顧客の利便性が上がる」という意味を包含しているのです。

リモートワークで働き方の合理化ができるというだけのプランの場合は、顧客視点とは言えませんし、採択までは行きつかないでしょう。

顧客ベネフィットは、価格だけの問題ではなく、ユーザー側の時間的な利便性をアピールしても結構です。

⑦アピールは１項目につき１回だけ！

　まず、反証として、採択におぼつかない枚数が多いだけの申請書パターンを説明します。

　ずばり当たってしまうこともありそうですが、ここでは冷静に反省しましょう。

・我が社の品質は高品質のような言葉が、何回も出てくる。

・強みの表現がいかにもビジネス本から取った流行りの言葉で羅列されている。

・表現が大げさである。事業計画において１人雇用を計画するだけで、地域の雇用の受け皿になるような表現がある。

・改めてスキーム図にしなくても分かることを大きなスペースとって図示ししている。

・申請書（事業計画書）全体が会社案内に見える

これらは、審査員から見るとマイナス評価にしかなりません。

また、近年、審査員が腐心しているというコンサル代筆行為に見えるということにもなります。

ではどうすればいいかというと

・自分の言葉で

・言いたいことを重ねずに

・簡潔に

です。

　これら７つのポイント織り込んだ事業計画書(ヨガ教室のオンライン化)を次ページより示しますが、最近、書式のフォーマットが似ている計画書は、不採択になりやすい傾向がありますので、ご自身で責任をもって改変してください。よろしくお願いします。

８．事業計画書書き方モデル

【事業テーマ名】

ヨガ教室からオンライン教室への業態転換

テーマ名に５類型の定義の
言葉を入れるべき

【本事業計画に至った背景】

当社は、２０１０年創業で、ヨ
コロナ前は５名の講師で１５０
コロナ禍により生徒の退会、休
密を避けるために、一度にレッ
売上が３０％減少し、業態転換

申請書作成ポイント①－１
自社の強みを正しく伝えるために現状の
自社技術を示す画像など挿入画像は、現
状技術の画像と今回補助金事業
イメージする画像の２枚がＭＡＸ

過去の取り組み実績として、○○県か

○○県スポーツ・健康まちづくりアワ スポーツ振興賞受賞

また、講師は、○○ヨガ協会の認定講

申請書作成ポイント①－２
自社技術の強みの表現は出来るだ
け第３者認証で入れること
その方が信頼度が増す

○○ヨガ協会１級講師：２名
○○ヨガ協会２級講師：３名

当社の生徒からは、従来のような教室での多人
ため受講を避けたいが、健康のためにヨガは継
いています。

申請書作成ポイント⑥
目的において消費者
ベネフィット視点

その要望に応えるため、臨時的にマンツーマンのプライベートレッスンと
いう形で提供を開始していますか
います。

申請書作成ポイント①－３
自社履歴にさりげなく何が強みかを冒頭
に簡潔に！しかもそれが補助金事業に繋
がっていないといけない

【実施計画】

当社のヨガ教室は、１教室の生徒
供してきました。講師の目が行き届く範囲での人数でのレッスンにするこ

とで、生徒一人一人をしっかりと指導できるということで評価を得てきました。

事業を開始するために必要な取組み[illegible]
・オンラインレッスンをするための[illegible]
・動画配信のための撮影および編集
・オンラインレッスン告知・ＰＲのためのホームページ作成
・既存の教室を縮小するための設備撤去

申請書作成ポイント①－４
５類型の要件を満たしていることが伝わるように書いていかないといけない。

【実施組織】
総括責任者：山田○○（代表取締役）
└設備導入責任者：鈴木△△（営業[illegible]
└レッスン検討・作成：佐藤□□（[illegible]
└レッスン実行者：講師４名

申請書作成ポイント②
実行組織図は簡易で良いが、人物名、スケジュールなど具体性を説明することで実行可能性を高める。

【実施スケジュール】

	４月　５[illegible]
①設備導入	→
②動画作成	
③レッスンメニュー作成	
④テスト販売	
⑤ホームページ作成	
⑥既存設備の撤去	
⑦提供、受注開始	

申請書作成ポイント②－２
工程は出来るだけ精緻に、
補助金事業期間中前倒しで
作成する。
実作業と共に、テスト販売、試作品開発など検証プロセスをいれる。

【各工程の実施項目と課題】
①設備導入：担当：鈴木△△部長
　機材選定、導入予定機材（ＷＥＢカ[illegible]
　ヨガレッスン用の設備と個別指導用[illegible]

申請書作成ポイント②－３
工程と担当（組織）をリンクすること。実施内容を明確にしていく。全工程について書く。

【購入機材・必要経費】

動画を撮影するための機材。リ
材。ＷＥＢカメラ、マイク。
オンラインヨガスクールをＰＲ

申請書作成ポイント③
補助金で購入する機材、経費を明記するとともに、それぞれの経費がなぜ必要なのかを書く。

【資金計画】

工程の③以降、補助金受領までは、取引○△×銀行□□支店より資金調達する。経営革新認定機関として既に説明済み。

【流通の課題とマーケット計算】

日本のヨガ人口は、月に1回

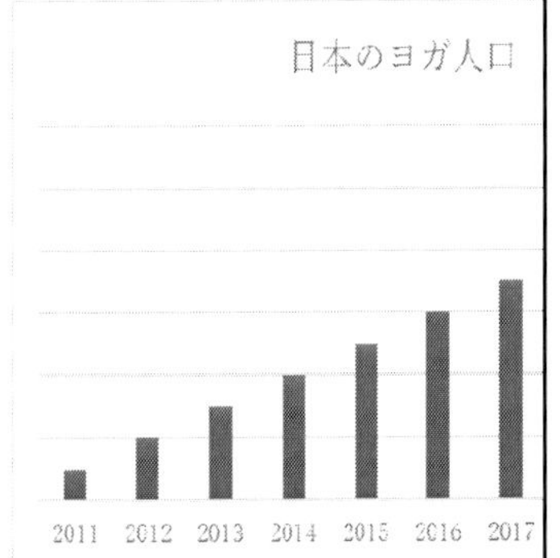

申請書作成ポイント②－４
マーケティングはネット調査でいいので必ず入れる マーケティングは自社取引先にとどまらず、川下を大きく捉えた環境分析から入る。もちろん伸びゆく市場という観点で解説する。
可能な限り、右上がりのグラフを探し、出典を明確にする

ヨガ人口が増加する中でヨガスタジオも増加傾向にあります。１年間で５００近くのヨガスタジオが誕生していると言われています。
ヨガの市場規模は、「日本のヨ
あり、さらに２倍程度拡大する
当社は少人数・個別指導を徹底
とが強みです。ターゲットは、
ツ選手となります。

申請書作成ポイント⑦
強み表現と効果性は重複を避けること簡潔に！市場規模、ターゲットを明確にし、強みをもとに獲得できる売上を計算し、売上計画の数字の根拠を示す。

今回の売上計画は、ターゲット層が市場の○%と想定し、

【業態転換の経済効果とモデル化】

当社がオンライン化することに[illegible]
大します。また、オンライン化[illegible]
り、付加価値が増加します。

申請書作成ポイント⑤
ビジネスモデルを明記する。
取引・お金の流れをフロー図等で示すのも有効な方法。

【事業計画】

従来のスタジオ面積という制約がなくなるため、生徒数の増加が見込める。生徒数の増加に合わせて３年目より受注増加望めるので<u>１名の講師雇用を計画している。</u>

事業計画書　本表

	直近期末（年月期）	１年後（年月期）	２年後（年月期）	[illegible]	[illegible]	[illegible]
①売上高	18000	20000	220[illegible]	[illegible]	[illegible]	[illegible]
②営業利益	2,000	2,200	2,4[illegible]	[illegible]	[illegible]	[illegible]
③営業外費用	1,000	1,000	1,0[illegible]	[illegible]	[illegible]	[illegible]
経常利益※１(②－③)	1000	1200	14[illegible]	[illegible]	[illegible]	[illegible]
伸び率(%)※２		120.0%	14[illegible]	[illegible]	[illegible]	[illegible]
④人件費	15,000	15,000	15,0[illegible]	[illegible]	[illegible]	[illegible]
⑤減価償却費	800	1,200	1,2[illegible]	[illegible]	[illegible]	[illegible]
付加価値額(②+④+⑤)	17,800	18400	186[illegible]	[illegible]	[illegible]	[illegible]
伸び率(%)※２		103.4%	10[illegible]	[illegible]	[illegible]	[illegible]
⑥設備投資額※３		45000		[illegible]	[illegible]	[illegible]
投資利益率※４					0.9%	

申請書作成ポイント④
付加価値向上ラインの説明を事業計画書の解説として入れる。ほとんど出来ていないので差別化となる。新事業は少なくとも売り上げ計画は明示し、全体事業との売上比率とその根拠も説明すること（下の表）

	直近期末（年月期）	１年後（年月期）	２年後（年月期）	３年後（年月期）	４年後（年月期）	５年後（年月期）
①売上高	1000	10000	12000	14000	16000	18000
②比率	6%	50%	55%	58%	62%	64%

経常利益率はオンラインヨガ教室で、２００％上がる見込み

人件費は３年目に年間給与１６５万の雇用を起こし、５年で１０％上がる見込み新設備の配信設備は５年の定額償却で償却して、毎年４０万円が既存の償却に上乗せになる　結果、付加価値は５年で１６％向上します。新事業売り上げにおいては・・

９．経営革新法の考え方（参考）

国の支援策のスキーム図を見てください。

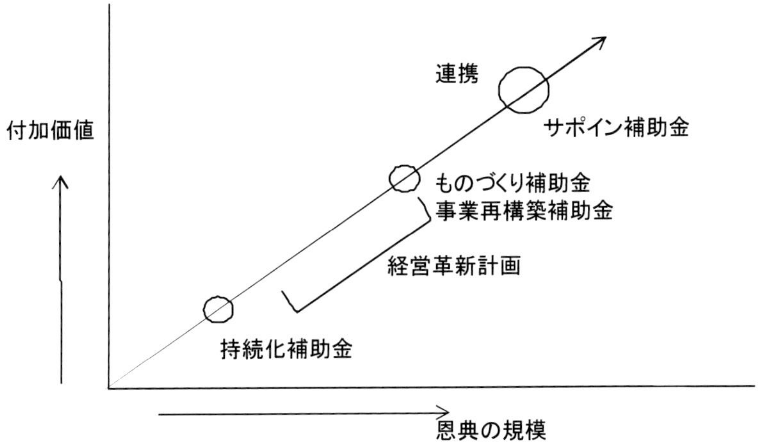

補助金などは単年度事業で、中小企業が、斜めに駆け上がっていくには一本の線の中では点に近いものです。
そこで、複数の年度の戦略をカバーしたものが、経営革新計画です。
これは中小企業新事業活動促進法のひとつの位置付けです。
国の法律ですが運用は地方自治体に委譲されています。
この制度は、補助金直結ではありませんが、ものづくり補助金の革新的サービスの申請書に「経営革新法を取得していますか？」というチェックボックスができたことからも分かるように、有形無形での支援措置があります。
しかし、補助金直結ではないこともあり、これを目指す中小企業は補助金に比べて意外に少ないのが実態です。

（１）制度主旨

○次に示す４つの「新たな取組（事業活動）」によって、経営の相当程度以上の向上を図るものであることが必要です。

① 新商品の開発又は生産
② 新役務の開発又は提供
③ 商品の新たな生産又は販売方式の導入
④ 役務の新たな提供方式の導入その他の新たな事業活動

新たな取組とは、個々の中小企業者、グループにとって「新たなもの」であれば、既に他社において採用されている技術・方式を活用する場合についても原則として対象となります。但し、同業他社、同一地域内において既に相当程度普及している技術・方式等の導入については承認の対象外となります。同一地域とは都道府県と考えてください。

○経営革新計画の計画期間

承認の対象となる「経営革新計画」の計画期間は、３年間から５年間です。

○経営革新計画の計画目標

・付加価値額の向上

「付加価値額」、<u>または</u>「一人当たりの付加価値額」のいずれかについて、５年間計画の場合、５年後の目標伸び率が１５％以上のものである必要があります（計画期間が３年間の場合は９％以上、４年間の場合は１２％以上）。

付加価値額（営業利益＋人件費＋減価償却費）

一人当たりの付加価値額（付加価値額÷従業員数）

・経常利益の向上

「経常利益」について、５年間の計画の場合、計画期間である５年後までの目標伸び率が５％以上のものである必要があります（計画期間が３年間の場合は３％上、４年間の場合は４％以上）。

○提出先 地方自治体（行政の外郭団体の場合もあります）

これが、認定されると

・都道府県の各機関に計画書が送付されます。
・通常、新聞発表がなされます（項目ごとに公表、非公表は選べます）。

ということで、その企業が３～５年の間にどのような計画を持っているかがオフィシャルになり広報効果があるわけです。

○取得効果

〈融資〉 中小企業成長促進融資（各地方自治体の制度融資）
政府系金融機関による低利融資制度

〈信用保証〉 中小企業信用保険法の特例

〈その他〉 特許関係料金減免制度などです。

（２）経営革新の考え方

まず、経営革新計画策定の鉄則について説明します。

現状が苦境に陥っていても構いません。いや、逆に、苦境に陥っているから革新するという因果関係になります。今回はほとんどのケースで、その理由はコロナ禍になるでしょう。

そこで生かすべきはなんでしょうか？

自社の経営資源における強みを生かすというのが鉄則であり、その強みとは基本的に技術・人材・ブランドなどのソフトな資産です。

一部、特殊な設備を保有しているなどの特殊な場合はハードが資産ということもあり得るでしょう。

これは言葉を変えると過去の経営履歴とのシナジー効果がないと認められないということであり、新分野進出ではないということです。

この新分野進出というコンセプトは一時、国も推奨し、補助金・助成金がついた時代もありましたが、運用段階で全くうまくいきませんでした。その道には先達がおりノウハウを蓄積しています。

ただ、この自社の資産での強みというのが自社内にいるが故に見えにくいのも事実です。中小企業診断士などの第３者の専門家のアドバイスを仰ぐのも一考ですし、王道的な方法としては、既存顧客にアンケートして教えてもらうという方法があります。

（3）アンゾフの戦略マトリックスとの関係

アンゾフの戦略マトリックス

		技　術	
		既存	新規
市場・顧客	既存	深耕戦略	新製品戦略
	新規	新市場戦略	多角化戦略

以下の説明は経営革新策定のひとつの考え方で、これが全てではありません。しかし、考え方の定石とは言えるかもしれません。

囲碁でも将棋でも定石を踏まえてこその変則手ということはあり得るでしょう。

ご存じのアンゾフの経営戦略マトリックスから経営革新にそぐわないゾーンを消しこんでいきます。

まず、製品・サービスを変えずに市場拡大という考え方は経営革新に当てはまりにくくなります。

これは感覚的に理解できるでしょう。

唯一、海外進出の場合はノウハウが必要となりますので別の評価となります。

次に経営多角化もノウハウに精通しない分野への進出とみなされ前述の新分野進出に当たってしまいます。

当然、様々なサービスを展開すると顧客側にはメリットが生まれＣＳは向上しますので、顧客シナジー効果はあります。

しかし、それだけランニング資金が必要となります。多角化戦略は基本的に規模の大きい企業向けの戦略です。

大企業が多角化戦略に取り組むのはリスクバランスを取るという意味合いがあります。

事業のリスクバランスを取るという考えも経営革新とは少しずれてきます。

では、商品・サービス・顧客ともに変えない深耕戦略はどうでしょうか？

これも、訪問回数を増やすなどは、通常の営業努力の範疇として見られ経営革新とは認められないでしょう。

しかし、新たな付加価値で既存顧客にアピールしていくという点では深耕という要素は残ります。

最後に残った新製品戦略というマトリックスが正解ということになります。まず、顧客が同じなので顧客シナジーが生まれます。

ここで注意は新製品開発の捉え方です。これを発明に近いイメージでとらえると行き詰まります。ここでは経営の合わせ技で、こういう業種の事業所が、こういう製品を売り出した、あるいは、サービスを開発したという組み合わせの発想が必要です。

この考えで、同一業種で新規性がある、他に類を見ないと持って行けばよいのです。

逆に発明に近い開発はユーザーに対する馴染みという面では薄くなりビジネスは失敗する確率の方が高くなります。

（４）製品戦略はいかにあるべきか？

製品・サービスのマイナーチェンジはどのように考えていったらよいのでしょうか？

ここでも、ポイントは高付加価値化です。

条件である付加価値算出公式と重なります。

製品の付加価値部分を上げるということはどういうことでしょう。

ひとつひとつの製品に手間と工数をかけるということです。

原価部分も増加してもかまいませんが、商品の売りはこの付加価値部分であり製品の「コト化」が進行している現状と一致します。

・ひとつひとつの製品に工数をかけます
・製品単価は上がります
・人件費は増加します
・新たな設備も必要になるかもしれません

これにより付加価値額は増加します。

１件ごとのリードタイムが長くなるのですから売上は大きく増加する訳ではありません。

逆に利益率は上昇します。

これが一般的な経営革新の定石です。

（5）申請する際のポイント

① まず、経営革新法を取得するには新規性のある大きな戦略の柱を立てねばなりません。それを現実化していく戦術も数本必要です。
補助金申請には、それほど新規性は要りませんがこの経営革新法申請では新規性が最大のポイントになります。
② 行動計画、資金計画（設備投資と運転資金)、売上計画など決めていかねばならないということは補助金申請と同じです。

（6）論点になるところ

その他の補助金や認定制度は申請して、採択・不採択の結果通知を受け取るだけですが、この経営革新法申請は申請するまでに担当官と

「こうすればもっと良くなる」というようなやり取りがあります。ここではその視点を説明します。

・新規性の捉え方

これが、最も重要なところです。

ここはオーソドックスに経営革新法の条文に立ち戻りましょう。

新たな取組とは、個々の中小企業者、グループにとって「新たなもの」であれば、既に他社において採用されている技術・方式を活用する場合についても原則として対象となります。但し、同業他社、同一地域内において既に相当程度普及している技術・方式等の導入については承認の対象外とします。

前半の解釈はその中小企業者にとってとありますので、――という業種が、――に挑戦するという**「合わせ技」**で良いわけです。

ただし、後半にある通り、業界内で、あるいはその都道府県で既に似たようなことをやっていないということを証明する必要があります。過去多くの経営革新法申請に立ちあいましたが、この「他でやっていないことの証明」は意外と難しいのです。粘り強く説得してください。

おわりに

２０２０年年初に「WORKS by トイロハ - ちょっとミライの働き方情報 」という未来の働き方をテーマにしたＷＥＢメディアからの郊外のコワーキングスペースというテーマで寄稿してほしいとの依頼がありました。

今後、テレワークが進み、それによって人の流れが変わり、ビジネス環境も変化するであろうという前提において郊外のコワーキングスペースの必要性が増すという趣旨の寄稿をしました。

その後、新型コロナウイルスの感染拡大により５年くらいかかると思っていた未来が５ヶ月で来てしまったねとＷＥＢメディアの編集長と話をしました。

本書内でも書いていますが、非接触ビジネスへの転換は新型コロナウイルスによってもたらされたものですが、新型コロナウイルス感染拡大が無くとも訪れていた未来だと思っています。その未来は、非接触かどうかということはテーマではなく、ＩＴ技術の進歩や環境の充実によってもたらされる未来という前提でした。はからずもその未来の姿がコロナウイルス感染拡大における「３密」を避けるという非接触ビジネスの実現と合致しました。

この機会をビジネスモデルの転換期と捉え、新しい機会獲得の機会として取り組んでいただきたく思います。

秦　博雅

【好評の読者へのプレゼント】

本書の読者の皆さまへ、感謝を込めてプレンゼントいたします。

愛読者プレゼントサイト

特典１　事業再構築補助金の事業計画書モデルのもう少し大きい版を見やすいＡ４サイズのＰＤＦで差し上げます。

特典２　事業再構築補助金の申請書の添削サービスを特価３０，０００円でいたします。

ＵＲＬ　http://sys.homepage.ne.jp/dom/nishi/docs/2020.pdf

〈お問い合せ先〉

西河経営・労務管理事務所／ものづくり補助金情報中心（センター）／西河経営マネジメント・センター 代表者　西河　豊

〒618-0091　京都府乙訓郡大山崎町北浦２−６，１−４０３

特典３　事業再構築補助金申請に関するＺＯＯＭ相談を１時間１０，０００円。

※申請書作成の依頼をいただいた場合には無料。

特典３　申し込みURL

〈お問い合せ先〉

ＨＡＴＡ中小企業診断士事務所 秦 博雅

〒560-0055 大阪府豊中市柴原町 5-5-23

https://hata-smeca.com/bookbenefits3/

※特典サービスは、予告なく終了する場合がございますのでご了承ください。

著者略歴

西河　豊(にしかわ　ゆたか)

職　歴：1959年　京都府生まれ
　　　　1984年4月～2000年2月金融機関勤務
　　　　その間1991年から1996年までシンクタンクの研究員として出向
　　　　2000年独立開業
　　　　西河経営・労務管理事務所、ものづくり補助金情報中心(センター)代表
資　格：中小企業診断士、社会保険労務士、経営革新支援認定機関
　　　　大山崎町商工会前会長
執　筆：「それでも、小売業は中国市場で稼ぎなさい」中経出版　2012年
　　　　「補助金・助成金獲得の新理論」「中小企業経営戦略の新理論」
　　　　「集客の新理論」「士業の集客とコンサル技術」
　　　　以上　三恵社2017年～2018年
学　歴：大阪外国語大学　中国語学部（現大阪大学　国際学部）

秦　博雅(はた　ひろまさ)

職　歴：1975年　大阪府生まれ
　　　　2001年～2013年　インターネットビジネスコンサルティング会社に勤務
　　　　2013年　個人事業主として独立
　　　　2015年　株式会社エッグレイ設立
　　　　2015年　コワーキングスペースUmidass設立
　　　　2020年　中小企業診断士登録HATA中小企業診断士事務所設立
資　格：中小企業診断士
学　歴：京都精華大学 美術学部
　　　　インターネット活用、コワーキングスペース運営関連にて活動。
　　　　また、生家の浄土宗安楽寺で、現在、副住職を務める。

非接触ビジネス推進と事業再構築
—事業モデル化と事業再構築補助金の研究—

2021年4月28日　初版発行
2021年5月31日　第二刷発行

著者　西河　豊
　　　秦　博雅

発行所　株式会社　三恵社
〒462-0056 愛知県名古屋市北区中丸町2-24-1
TEL 052 (915) 5211
FAX 052 (915) 5019
URL http://www.sankeisha.com

乱丁・落丁の場合はお取替えいたします。

ISBN978-4-86693-437-2